Jean Louis

DELEAGE

OUVRIR UNE VOIE

Guérin, Chamonix – guerin.editionspaulsen.com
Les éditions Paulsen sont une société du groupe Paulsen Media.

Emmanuel Faber

Ouvrir une voie

Guérin
éditions Paulsen

« Deux choses remplissent l'esprit d'admiration
et de crainte incessantes :
le ciel étoilé au-dessus de moi et la loi morale en moi. »
Emmanuel Kant, *Critique de la raison pure*

Prologue

Lundi 16 août 2021

Je suis dans l'antichambre du pays : un TGV qui m'y emmène à 300 km/h. J'aime cet espace-temps si particulier du voyage. D'ailleurs, dans la famille, le train de nuit de la ligne Paris-Briançon s'appelle, depuis le plus jeune âge de nos enfants, le « train magique ». Non seulement il abolit l'espace noir au-delà des vitres, mais il abolit aussi le temps entre le départ et l'arrivée : on s'installe dans les couchettes alors que le train s'ébranle lentement de son quai de grisaille, gare d'Austerlitz, et déjà, de l'autre côté d'un sommeil bercé par son roulis, le soleil caresse les montagnes enneigées, quelque part entre Gap et Guillestre.

Cette fois-ci, la promesse est belle : un stop à Briançon pour voir Hugues Chardonnet, qui suit son chantier du chalet d'accueil de l'association 82-4000, un dîner avec des amis chers, et puis demain lever 4 h 30, j'emmène un copain à l'arête nord-est de la Tête des Toillies, une voie aérienne que j'aime, dont les longueurs tissent la frontière italienne d'un ressaut à l'autre.

Je suis tiré de ma torpeur par un SMS. C'est Stéphanie Bodet. Charlie Buffet, le directeur éditorial de Guérin, voudrait qu'on se parle, une idée de livre où Stéphanie recueillerait, dans un dialogue avec moi, des impressions du monde vu d'en haut. J'ai rencontré Stéphanie par Arnaud Petit, il y a quelques années, nous avons grimpé ensemble, en Norvège, en Provence, dans leur fief de Buoux, à Venasque, aux Calanques. J'ai une grande admiration pour ce qu'elle a vécu, ce qu'elle fait, ce qu'elle est, un papillon sur les falaises, pour son regard sur la vie, et pour la puissance évocatrice de son écriture, aussi. Comme souvent, dans ce message, elle s'efface, m'encourage, et nous met simplement en relation, Charlie et moi.

Retour dans la vallée, après quelques nuits sous les étoiles. Quand je le contacte, Charlie est au Stromboli. Il doit sentir une forme de scepticisme dans mon message. « Je confierai mes envies de livre à l'énergie tellurique, elles reviendront irrésistibles :-) » conclut son SMS.

C'est vrai. Je ne me vois pas très bien publier chez Guérin, au côté des géants, alpinistes, grimpeurs, conquérants de l'inutile dont les aventures peuplent mon imaginaire depuis des décennies, retranscrites dans les « petits livres rouges » de la maison chamoniarde. Charlie doit le sentir, qui m'envoie quelques-unes des dernières publications de Guérin, pour donner un peu d'incarnation au projet.

Mi-septembre, nous décidons de parler de tout cela en nous donnant rendez-vous dix jours plus tard au refuge de la Blanche, dans ce vallon de Clausis chargé de mémoires vivantes pour moi, aux confins du Queyras.

Ce livre est né de ces quarante-huit heures passées dans les terres hautes, à la Blanche et au refuge de Furfande. Le vallon a revêtu des couleurs d'automne, les plus belles. La pointe de certains mélèzes vire déjà au jaune. Nous sommes accueillis par la neige. Thé, café, tablette de chocolat, tarte aux myrtilles. Un créneau météo pour sortir la corde et aller voir un peu plus haut. Les averses d'automne. La lumière déchirée, nette, après la pluie. Flambée du poêle à bois. Le chat du refuge. Les conversations s'étirent, dans le temps, dans l'espace et tissent des liens entre le vécu, les rêves, l'imaginaire. Au gré de nos explorations dans les souvenirs, Charlie évoque aussi ses rencontres, ses moments, ses liens avec les géants. Christophe Profit et la montée au refuge des Grands Mulets, en suivant la trace sûre de la fouine entre les séracs, Walter Bonatti. Tous les autres. Peu à peu, dans ces échos lointains, si proches, s'ouvre en moi un espace que j'imagine pour une parole. Des bouquins épars sur les étagères de la salle commune, des topos, des souvenirs, des envies se succèdent pour nommer, partager les lieux, les aventures, les personnes. Dans un groupe de passage, un journaliste me reconnaît et ses questions m'invitent à relier ce que je vis en haut et ce que je fais en bas, l'engagement en montagne et mes engagements dans la vie. Après une longue période professionnelle ininterrompue où nous avons ouvert bien des voies, je suis en « jachère ». L'envie de partager est là, mais je n'ai pas envie d'écrire, pas encore, pas seul. Sans nous le dire, nous trouvons chacun notre rôle au fil des heures. Charlie note, n'oublie pas, revient, propose, organise. Je me laisse guider. Nous nous sommes encordés dans l'écriture. Nous nous mettons en marche. Pour un livre libre, comme une traversée entre deux ascensions. Le ciel est étoilé. La voie sera belle.

1

Le crux

Troisième étage. Dans l'ascenseur, je ferme les yeux pendant de longues secondes en respirant profondément pour évacuer la pression. Je retrouve les sensations d'un moment de grimpe que j'aime. Relâchement, concentration, sérénité, conscience du corps... Je vois, je sens les mouvements fluides, les gestes qui doivent être précis et efficaces, posés, sereins. La grimpe, l'escalade, c'est mon oxygène. Et depuis six mois, j'en ai bien besoin. Tout s'est conjugué, la crise du Covid et les confinements ont stoppé le paquebot dont j'ai la responsabilité : Danone, 100 000 salariés dans le monde entier, et plus de 50 milliards de produits vendus chaque année. Pour repartir de l'avant, je viens d'annoncer un plan de réorganisation douloureux, l'automne a été rude et l'hiver s'annonce pire encore. Ces dernières semaines, la pression s'est accentuée. Un fonds activiste a profité de ce moment de faiblesse pour s'inviter dans le capital de l'entreprise et lancer une offensive. Danone est attaqué. Je suis attaqué personnellement, de façon très brutale. Autour de moi, il y a ceux qui tiennent, ceux qui lâchent. Et ceux qui s'emploieront à couper la corde qui nous relie, au moment crucial.

Depuis toujours, je me suis construit sur le doute. Mes convictions sont fortes, mais elles sont nourries par un questionnement permanent. Face aux attaques, je suis concentré, et montre le visage impassible qui a souvent été, sans même que je le réalise, mon arme dans les cercles où j'évolue depuis plus de trente ans. Mais oui, je doute. Cette fois, de moi-même. Face à la campagne de désinformation massive dont je suis l'objet et qui transpire partout dans les médias, monte cette question : suis-je vraiment cette personne dont on parle ? Ce patron que des assaillants parent de tous les défauts du monde pour fragiliser ses soutiens avant de le pousser du haut de la falaise ? Qui suis-je ? Ai-je raison dans ce que je fais, dans ce que je pense ? Ou suis-je moi-même dans l'illusion ?

Ça cogne de plein fouet de tous côtés. Je protège mes équipes, elles doivent pouvoir continuer à travailler. Je protège autant que je le peux le fonctionnement de mon conseil d'administration, qui ne peut se réunir que par Zoom, contre ceux qui y sèment le trouble. Nous y sommes trop nombreux pour que le consensus soit possible. Nous discutons par écrans interposés, réduits chacun à une image de deux centimètres sur trois. Les membres du conseil sont sous pression individuelle d'activistes qui exploitent les dissensions. Ce conseil, j'y suis depuis vingt ans. Cette entreprise, je la défends, je la construis depuis presque vingt-cinq ans, avec d'autres, aux quatre coins du monde, sur toutes ses frontières. J'absorbe la pression comme je sais le faire depuis longtemps, mais comme jamais.

Dans l'ascenseur, j'ai fermé les yeux. Je sens mes doigts serrés sur la réglette, le pouce fermé par-dessus pour renforcer la pression et verrouiller la prise. Je sens le grain du rocher sous la peau. L'équilibre sur les appuis de pieds. Bien ancré, abdos gainés. Tout de suite, ma respiration se pose. Une lente inspiration, profonde, complète. Et puis les poumons vides. Le moment magique de l'apnée. Le vide. Je suis serein. Rez-de-chaussée. Je rouvre les yeux, réunifié, prêt. Serein et concentré.

*

Au fil des années et des responsabilités de plus en plus lourdes, j'ai appris à vivre comme un athlète. Rien à voir avec un athlète de haut niveau comme Arnaud Petit, champion du monde d'escalade, guide hors pair, avec qui j'ai la chance de partager de beaux moments de grimpe, d'amitié et de sens. Rien à voir non plus, évidemment, avec Kílian Jornet, « l'ultraterrestre » du trail et de l'alpinisme, qui m'a fait confiance en s'engageant sur les enjeux environnementaux d'une de nos marques. Mais un athlète, oui, un sportif de bon niveau, quand même.

Mon métier est soumis à une grosse pression, des voyages et des décalages horaires incessants, des changements ininterrompus de pays, de personnes, de décors, de rythmes... Si je n'avais pas un minimum d'hygiène de vie, je n'y arriverais pas. Que je sois chez moi, dans un avion ou un hôtel à l'autre bout du monde, j'ai mes routines : gainage le matin, petits « pouet-pouet » à ressort pour les doigts, objets des moqueries de mes collègues quand je les sors dans l'avion, tractions sur les moulures au-dessus des portes dès que l'occasion se présente. Dans notre appartement, à Paris, j'ai bricolé un petit pan d'escalade inclinable en dévers, comme tout grimpeur qui se respecte.

J'ai mes habitudes et des abonnements dans les salles d'escalade aux quatre coins du monde, à Barcelone, New York, Tokyo, Singapour. J'aime grimper avec les équipes de mon entreprise. De bien belles rencontres, après la journée de travail. Beaucoup de salles urbaines sont ouvertes jusqu'à minuit. Il suffit d'être motivé, ce n'est pas ce qui me manque. À Paris, j'ai usé MurMur, la salle historique de Pantin, celle d'Issy-les-Moulineaux ou le viaduc des Fauvettes, un monument de la grimpe parisienne avec ses arches de 40 mètres de haut où des passionnés ont sculpté une centaine de voies, prise par prise, dans la pierre meulière.

Je gère mon temps au chrono. Mon agenda est minuté – je fais toujours très attention à ne pas être en retard. Cela demande une grosse discipline. Il faut commencer par se défaire de l'idée qu'une réunion, ça dure une heure... J'ai des réunions, toujours en petit comité, qui durent sept minutes, quinze minutes, jamais une heure. On peut dire en quarante-cinq minutes ce qu'on voulait dire en une heure, faire tenir en vingt minutes ce qui devait prendre une demi-heure, etc.

Pendant quelques années, peu nombreuses, j'ai dépendu de l'organisation de mes patrons dans mon travail. Mais dès que je me suis trouvé en situation de responsabilité, j'ai mis un point d'honneur à respecter le temps de travail de mes collaborateurs, à ne pas repousser aux calendes grecques des réponses promises. J'ai connu des gens, patrons ou politiques, qui finissaient invariablement leur journée avec deux heures de retard. C'est peut-être chic, mais je ne peux pas vivre avec cette écologie-là. Je me suis donc fixé quelques principes auxquels je m'accroche comme au rocher : ne jamais être en retard ; si je dois l'être, prévenir le plus tôt possible ; si je suis obligé de reporter un rendez-vous, ce qui est parfois inévitable, l'avancer au lieu de le reculer.

Mon secret pour rendre cela possible, c'est de sanctuariser dans mon agenda deux jours par mois et une à deux demi-journées par semaine. Personne n'a le droit d'y toucher. Ces soupapes me permettent d'avancer un rendez-vous de quelques jours plutôt que de le repousser de trois mois. Être capable de proposer une date plus proche, fait une énorme différence dans la relation, dans l'attention que l'autre a la sensation que l'on porte à son projet ou à sa demande, dans le rythme d'un projet auquel on tient.

Grâce à ces règles de base, je reste maître de ma respiration, des moments de ressourcement, et des moments d'engagement. Je peux aller grimper en salle à 8 heures du matin et arriver au bureau à 11 heures, les bras saturés d'acide lactique, mais l'esprit clair : ma demi-journée bloquée, je la passe souvent à cela. Ou bien à voir des associations, m'informer sur des sujets de science ou d'agriculture, caler une visioconférence avec un chercheur ou prendre tout simplement du temps avec ma famille. Quant aux deux jours par mois, ils me donnent l'occasion de filer vers les Alpes du Sud ou les falaises de Provence.

Dans ma vie professionnelle, j'ai choisi les chemins de traverse. Ils n'auraient pas pu exister sans cette discipline. J'ai pu, une fois par semaine, aller faire des choses totalement improbables dans mes fonctions, rencontrer des gens extraordinaires. Et rester en prise avec l'escalade et la montagne.

La pandémie a bousculé tout cela. Le président de la République a parlé de « guerre ». Elle était aux portes de Danone, et j'étais en première ligne. François Petit me fait alors l'amitié de m'ouvrir Climb Up, sa toute nouvelle salle d'escalade parisienne (j'aime vraiment son projet d'entreprise, et y ai investi pour le soutenir). Pas encore ouverte, elle n'est fréquentée que par quelques jeunes grimpeurs de haut niveau, pompiers à l'entraînement, professionnels. Profitant de la salle quasi vide, nous dévorons les voies en les enchaînant non-stop dans un niveau de difficulté donné, pour travailler la continuité, jusqu'au moment où nos doigts s'ouvrent. Je m'acharne sur une voie aux limites de mes possibilités, une voie marquée « 7c » où j'ai vu François Petit gambader. J'enrage, je m'insulte quand je rate pour la troisième fois de suite un placement. Il est 21 h 30. Je dois interrompre ma séance pour un coup de fil – le ministre, une urgence... Je réponds les doigts gourds, blanchis de magnésie. Puis j'y retourne.

La grimpe remet les pendules à l'heure. Ce n'est pas « l'heure de vérité », c'est la seconde de vérité, dans un espace préservé du mensonge. La grimpe est mon oxygène, mon caisson hyperbare.

*

Le crux. Tous les grimpeurs connaissent ce mot. Le crux des grimpeurs n'est pas le supplice de la croix que les Romains infligeaient aux esclaves. C'est le passage le plus dur d'une voie, le passage obligé, celui qu'on ne peut pas contourner. J'ai compris que j'étais au pied du crux un soir d'automne. Je n'étais pas fier. Je venais d'annoncer un plan social, moi le patron vu comme le plus social du CAC 40, moi qui venais de faire de Danone la première entreprise à mission cotée en France, et la plus grande dans le monde, moi qui avais invité la patronne mondiale des syndicats à être membre de notre comité de mission.

Une équipe de France 2 arrive au siège de Danone sans prévenir, pour « faire un sujet » pour le JT du soir. J'ai cinq minutes pour me décider, j'accepte de les recevoir. Je dois descendre à leur rencontre. C'est le deuxième confinement, le bâtiment est vide, nous n'y sommes que cinq en tout et pour tout.

Il était tentant d'esquiver, beaucoup s'en tirent ainsi. Mais je ne contourne pas les obstacles. C'est ce qu'on vit en escalade. On choisit une voie. On sait que ça va être dur. On louvoie parfois, on tire un peu à droite, à gauche. Il faut être malin, avoir le sens de l'itinéraire. Mais à un moment, on est au crux. Si ça ne passe pas, on y retourne, jusqu'à ce que ça passe. Quand on essaye de résoudre des problèmes que personne n'a résolus avant, c'est le crux. Il ne faut pas s'attendre à ce que ce soit facile. Réconcilier vraiment le social et l'économique dans une multinationale cotée en Bourse, c'est dur parce que, justement, personne ne l'a fait. Sinon, tout le monde le ferait déjà. Et c'est important d'essayer parce que personne ne l'a fait de façon programmatique. Transformer l'économie. Prendre des décisions courageuses aujourd'hui, pour le bien du plus grand nombre demain. Alors on y va. On ne contourne pas.

Je descends dans le hall vide à la rencontre de l'équipe de France 2. À ce moment-là, je ne sais pas encore que tous nos syndicats soutiendront ce plan. Que les leaders syndicaux nationaux me soutiendront même personnellement. Tout ce que je sais, c'est que j'ai quelques instants pour me retrouver avant les trois minutes de direct où je serai seul face caméra. Qu'est-ce que j'ai à partager ? Comment le faire passer ? Il y a quelques secondes encore, j'étais assailli par le bruit. Le bruit des informations en continu, des e-mails, des SMS, des appels, des proches collaborateurs qui franchissent la porte ouverte de mon bureau et qui, chacune, chacun vient avec une information, une question. Faire le tri, en quelques secondes, pour l'hygiène de la décision. Choisir ce qu'il faut retenir, dans cette crise sans précédent où se joue l'avenir d'une entreprise qui a cent ans, et laisser le reste, car le bruit induit des biais cognitifs qui peuvent être graves. Écouter au contraire, les bruits de fond, les signaux faibles. Dans l'ascenseur, tout ce bruit s'arrête. La porte se ferme, c'est un sas de décompression de silence. Mathieu, un jeune plein de talent qui dirige ma com, est là, à mes côtés, avec moi. Pour lui, le JT de France 2 dans le hall du siège pour annoncer la transformation de Danone en plein Covid, c'est une première. Il est concentré et je sens son attention qui fait le va-et-vient entre lui et moi. C'est bon d'être à deux. Mais dans moins de deux minutes, je vais grimper en tête, alors je ferme les yeux et je visualise les gestes du crux.

2

Un autre monde

Dans l'un de mes souvenirs les plus anciens, je joue au bord du Guil, le torrent de montagne qui prend sa source au pied du mont Viso et court dans le haut pays avant de s'engouffrer dans les gorges profondes de la combe du Queyras. Je cours pieds nus sur les petites plages de sable blanc, je construis des barrages avec mon frère Dominique, on se balade sous les mélèzes, on poursuit les chèvres dans les alpages. J'ai 4 ans, peut-être 5, on fait du camping sauvage en famille. C'est ma première rencontre avec la montagne, le Queyras. La liberté !

Je découvre la randonnée avec mes parents. Leur montagne, c'est la montagne des hommes, pas celle des neiges éternelles. Quand on s'aventure là-haut, on reste en deçà, à la frontière. Ce sentiment d'être aux portes d'un autre monde me tombe dessus un jour d'été. On est en famille, avec mon frère cadet et des cousins au refuge des Bans, au cœur du massif des Écrins. Je dois avoir 8 ou 9 ans. C'est l'après-midi, les premiers nuages grignotent les pentes. En face de nous, l'immense paroi des Bans renvoie l'écho des torrents.

L'orage éclate à la fin de l'après-midi au moment où l'on s'apprête à passer à table. Je reste scotché le nez à la fenêtre, saisi par le spectacle dantesque qui commence. Le vallon est maintenant plongé dans des ténèbres d'un autre temps. Quelque chose qui remonte aux origines. Et puis monte le tambourinement de la pluie, ses rayures dans le flash des éclairs et, sur la terrasse du refuge, l'étincelle des gouttes dans les flaques d'eau. Le monde a basculé. Je me retourne. Aux tables du refuge, les voix tentent de couvrir le vacarme. Beaucoup se taisent. La montagne semble exploser tout autour – le tonnerre comme un roulement de tambour, un concert wagnérien, tellurique, dont les accords sont restés gravés dans ma mémoire. Je vis l'un de ces moments intérieurs décisifs où l'on prend la vie en pleine face.

L'orage s'apaise alors qu'on finit de dîner. On joue aux cartes, les cordées d'alpinistes qui doivent partir avant l'aube montent une à une dans les dortoirs, le calme revient. Soudain, à la tombée de la nuit, la vraie, la porte du refuge s'ouvre et je vois entrer deux extraterrestres : un homme et une femme, casqués, totalement trempés, rincés. Le regard hébété, encore habité de ce qu'ils viennent de traverser. L'orage les a cueillis là-haut, ils ne sont pas allés assez vite dans leur redescente. Pour moi, ils arrivent d'un autre monde. Là-haut, c'est décidément une autre planète. Ils posent tout et quelques minutes plus tard sont attablés devant la soupe fumante que le gardien leur a servie.

Dans la nuit, le gardien ouvre la porte du dortoir : « Quatre heures, grand beau ! » Les alpinistes s'en vont. Nous passons la matinée au refuge puis repartons vers la vallée.

Ce matin-là, en levant les yeux vers ces parois austères, immenses, éclairées par la lumière du début de journée, je me suis dit : j'irai. J'irai là-haut. J'irai dans ce pays où les hommes ne sont que tolérés. Ce que j'ai ressenti au moment de l'orage n'est pas de la peur. Je n'étais pas terrorisé, mais fasciné, presque hypnotisé par l'ampleur de ce qui était en train de se passer. C'était effrayant au sens étymologique – ce qui provoque l'effroi. L'effroi, dans la tradition des religions du Livre, c'est ce que l'on ressent face au divin. C'est ce qui me fait frissonner quand je jette un coup d'œil dans un télescope et que je devine une autre galaxie :

quelque chose d'énorme, beaucoup plus grand que moi, plus grand que les hommes ; la conscience d'observer un autre temps, un autre monde, un lieu auquel les hommes n'appartiennent pas, auquel je n'appartiendrai jamais. Jeune adulte, j'ai rencontré Kant, comme un éblouissement : « Deux choses remplissent le cœur de crainte et d'admiration, le ciel étoilé au-dessus de moi, et la loi morale en moi. » J'y reviendrai.

Cet homme et cette femme tout ruisselants qui rentrent à la nuit dans le refuge, mes yeux d'enfants les voient comme des astronautes. Ils sont allés dans l'espace, ils ont touché quelque chose de mystérieux, d'interdit. Évoquer ce souvenir suffit à faire remonter en moi une émotion très forte, mais ce n'est pas de la peur. Ce qui l'emporte est une intense curiosité. Je suis attiré vers cet inconnu d'où ils viennent, non parce que c'est dangereux, mais parce que c'est fascinant, qu'ils ont approché quelque chose à la fois en deçà et au-delà de l'humain, rencontré la nature là où elle nous dépasse complètement.

C'est cette même curiosité qui me pousse à grimper. Découvrir la beauté de l'itinéraire dans une verticale énigmatique, explorer le grain du rocher, repousser les limites du rapport entre mon corps et la pesanteur, c'est poser un pied sur une autre planète où nous, humains, ne sommes que de passage. Nous nous glissons entre les orages, par-delà les surplombs infranchissables, pour aller là où ne vivent que des fleurs incroyables, des micro-organismes, des lichens, des animaux parfois. Mais des humains, sûrement pas.

Être en haute montagne est toujours pour moi une expérience spirituelle. Là-haut, je touche aux confins de la vie, à son sens, à son fondement. Là, ma vie peut tenir dans un gobelet de thé chaud serré entre les mains.

Le souvenir de cet orage au refuge des Bans me relie à l'universel, mais il m'enracine aussi dans cet étage subalpin, humain, où je me sens chez moi, le pays des mélèzes, des chèvres, des crocus dans les prés.

*

Mon identité s'est construite avec la montagne. Je suis né à Grenoble, où mes parents étaient à la faculté. Mon père, étudiant en maths, avait grandi chez les scouts et adorait la nature et les feux de camp. Ma mère était éprise de littérature, elle m'a transmis le goût de la géographie, de l'histoire, de l'aventure. Chez mon grand-père, la collection « Sempervivum » d'Arthaud était à la hauteur de mon lit. Je n'avais qu'à allonger le bras pour m'évader vers l'Annapurna ou le Makalu. J'adorais lire, j'ai baigné toute mon enfance dans ce vaste monde d'explorateurs, d'aventuriers, de montagnards. J'ai lu tous les classiques, Rébuffat, Lachenal, *Les Conquérants de l'inutile*... Ces livres ont nourri mon imaginaire. Aujourd'hui encore, je ne peux pas passer au pied du Vercors sans penser à Lionel Terray. L'aventure l'emportait sur tout. Les explorateurs polaires, du Nord et du Sud. Paul-Émile Victor et les pôles. Mais aussi Frison-Roche, Saint-Exupéry et le désert : *Citadelle, Terre des hommes, Vol de nuit.* Et ces noms magiques qui résonnent dans mon imagination : Ténéré, Tassili, Hoggar, contrées où l'homme n'est que de passage.

Et voilà que l'aventure frappe à ma porte lorsque j'ai 14 ans. Nous passons une année en famille à Annaba, à l'est de l'Algérie, où mon père est ingénieur-conseil pour la mise en route d'un complexe sidérurgique. À la racine de la littérature, depuis l'âge de 10 ans, je dévore le latin, et goûte un peu le grec. L'Antiquité romaine m'habite, sa démesure ; la capacité d'organisation sociale, politique, géopolitique de l'Empire romain est une source permanente d'ébahissement. L'innovation technique, l'audace de la vision, retrouvée dans celle des bâtisseurs, ouverte dans le temps et dans l'espace. Les bornes posées le long des routes à des milliers de kilomètres de Rome. Ces explorations aux confins de leur civilisation, et ces villes établies en sentinelles là où la *Pax Romana* n'est qu'à peine tolérée, établie par la force des armes, du commerce et du développement. Voilà ce que j'en devine au seuil de mon adolescence. Et brusquement, il m'est donné de vivre à 100 kilomètres de Carthage, sur le théâtre des guerres puniques, vivre dans la ville qui s'est construite sur l'Hippone antique. Gravir la colline sur laquelle est établie la basilique, rencontrer l'évêque d'Annaba, ce n'est rien de moins qu'écouter le successeur de saint Augustin, évêque d'Hippone né au IVe siècle. L'auteur des *Confessions*, philosophe et théologien hors normes et considéré comme l'un des quatre « Pères de l'Église », est né ici, dans une famille de la bourgeoisie berbère des Aurès, entre Annaba et le Sahara.

Un jour, nous roulons vers le sud et je rencontre en même temps l'Afrique romaine et le désert éternel. Une journée qui me marque pour la vie. Nous traversons les montagnes et les plateaux des Aurès en voiture vers Biskra, aux portes du désert. C'est le printemps, les collines sont d'un vert chamarré, le blé tendre perce à travers les pierres. On bifurque à gauche, on cahote pendant quelques kilomètres sur un chemin. Et soudain, au fur et à mesure que nous approchons, derrière la colline montent lentement de l'horizon les colonnes de pierre d'une ville romaine : Timgad ! Son squelette est parfaitement conservé, la grande *Via Romana* bordée de piliers, des arcs de triomphe, un théâtre... D'où vient cette force vitale qui a poussé des hommes à bâtir dans des endroits aussi excentrés, aux marges les plus extrêmes du monde connu d'alors ? Les habitants semblent être partis la veille. Je ramasse un fragment de pierre où se devinent encore quatre lettres, « P A C E »... Fusion de l'espace et du temps.

Et puis, plus loin, encore une heure de route à peine, c'est le désert. Fascination. Le silence, l'immobilité totale, éternelle à l'échelle humaine, fusion entre l'infiniment grand et l'infiniment petit. Nous le traversons jusqu'à Touggourt, puis El Oued, et j'ai la même sensation dans ces villes du désert qu'en arrivant en refuge. Fragilité. Miracle de la vie dans ces espaces. Je reviendrai marcher dans le désert, adulte. Nous reviendrons, avec les enfants, accompagner une caravane de dromadaires. Les bivouacs comme en montagne, les mêmes nuits froides, piquetées de milliers d'étoiles. La même brise de nuit. Les mêmes aubes froides.

J'ai gardé un profond amour pour cette Algérie découverte dans un temps où elle se débattait dans la coexistence de la décolonisation, du communisme et de l'islam. Nous étions de l'autre côté du rideau de fer, quinze ans après l'indépendance, dix ans avant la chute du mur de Berlin. Les coopérants étaient polonais ou tchèques, les bateaux dans le port, russes. À dîner, il y avait de temps en temps des Polonais qui nous parlaient de leur vie là-bas, de l'autre côté, ou Jacques, un consultant, baroudeur du désert à moustache, qui faisait notre admiration avec sa Land Rover toute équipée. Je me réveillais à l'aube au chant des muezzins, j'allais acheter des cassettes de musique arabe au souk pour ne pas oublier, au retour. J'ai rapporté un peu de terre de là-bas dans des pots de yaourt, de la terre des Aurès, de la terre du désert, des roses des sables, précieuses comme des pierres de lune. Nous étions à la confluence de cultures, de spiritualités, de peuples, à la charnière entre l'Afrique et le monde occidental, dans le quotidien du seul système alternatif au capitalisme. J'en voyais les limites dans les queues que nous faisions aux magasins d'État, ticket de rationnement en main, dans les maigres productions des fermes collectives organisées en kolkhoze ou dans l'abondance des fruits et légumes au marché noir où tout s'échangeait à prix d'or, même le rétroviseur droit et le phare gauche de notre R14 (un modèle rare à Annaba), soigneusement démontés une nuit. Je découvrais l'autre face du monde, tout se bousculait en moi, brassait mon identité d'humain, l'élargissait. Cette année passée sur l'autre rive de la Méditerranée a tendu une corde entre l'enfance, l'adolescence et l'âge adulte. Je m'y suis accroché pour explorer la complexité, la diversité et la richesse de la vie. Elle m'a forgé en tant qu'homme. À chaque fois que je suis retourné en Algérie pour le travail, j'en ai été saisi.

*

Au retour d'Algérie, presque comme à chaque période de vacances, nous retrouvons le village de Saint-Bonnet. Face à la petite fenêtre de ma chambre, le Champsaur, ce plateau d'altitude décrit par Giono dans *Le Chant du monde,* enchâssé entre les murailles des Écrins et du Dévoluy. J'y ai appris à skier dans les petites stations, parfois un simple tire-fesses toussotant au diesel, tendu dans un champ en pente douce, comme aux Combes, où le médecin du village m'a accompagné dans mes premiers pas sur un téléski, après les tours du jardin en pente de mes grands-parents. J'y ai goûté depuis l'enfance la liberté, la tournée de lait le matin dans les fermes avec les copains paysans qui conduisent la 4L, la grosse berthe encore tiède dans le coffre, les discussions sur la place du marché, l'apprentissage de la flore alpestre dans les Écrins.

Lorsqu'il faut dire adieu à ce pays pour rejoindre la prépa à Lyon, quitter ces horizons crénelés qui découpent et mangent le ciel est un tel arrachement que je décide d'en emporter un peu. Je fais le plein du maintenant pour en vivre intérieurement plus tard. Je commence à écrire, à peindre. Je dessine une grande fresque de la vue de ma chambre sur un rouleau de papier peint de quatre mètres de long. Chaque soir, je m'installe au-dessus du village pour prendre des repères. Je dessine toute la montagne, chaque aiguille rocheuse, le moindre pin. Je l'afficherai dans ma chambre, à l'internat.

Pendant les cours, je m'évade. Je fais naître sur mes cahiers des levers de lune sur des pentes à la Samivel. À partir d'une carte postale, je reproduis la face nord de l'aiguille du Plan, dans les aiguilles de Chamonix. Je la dessine méticuleusement au stylo-bille sur la première page de mon cahier de physique. Pendant que je dessine le moindre détail, le gros éperon rocheux, la cascade de séracs, je suis là-haut.

*

L'été de mes 15 ans, nous partons en randonnée avec un groupe de lycéens du MRJC de Gap (l'équivalent rural des JOC) pour un tour du Queyras et du mont Viso. Vers la fin de nos dix jours d'épopée, nous passons le col de Chamoussière le ventre vide et nous descendons le vallon de Clausis vers Saint-Véran. Je n'oublierai jamais cette première image du village posé au loin, sur son adret d'herbe rase, dans la pleine lumière d'un après-midi d'été, les grandes fustes bardées de mélèzes noircis par les ans, les ruelles de terre. Ce jour-là, je suis tombé amoureux de l'endroit. J'ai eu envie de vivre là. Nous étions épuisés et tellement affamés avec nos estomacs d'ados qui avaient marché depuis quarante-huit heures sans avaler grand-chose que nous avons dévalisé la petite épicerie. Pour moi, un tube de crème de marrons « Clément Faugier » en a fait pour toujours la caverne d'Ali Baba. Puis nous sommes allés dormir dans le foin d'un paysan.

Dès que nos enfants ont eu l'âge de marcher en montagne, nous avons mis le cap sur le Queyras et Saint-Véran, où des copains tenaient un gîte d'étape. Nous avons fini par acheter un bout de chalet, creusé dans l'alpage, bien raide, avec une grande terrasse jetée au-dessus de la vallée et ouverte sur le ciel. C'est mon terrier, et nous le partageons bien volontiers avec toutes celles et ceux qui s'y sentent bien ou sont de passage. Un ancien du chalet m'a un jour donné une très vieille photo de Paul-Émile Victor sortant sur notre terrasse. On sent le mouvement dans le regard de l'explorateur déjà porté sur l'ailleurs et l'envie de ses deux chiens qui s'ébrouent en tirant sur leur laisse courte. Préparant une expédition au Groenland, il avait passé là une nuit de février 1938, alors qu'il testait son équipement sur les routes et les cols enneigés des Alpes.

Ici, au seuil de l'aventure, je me sens chez moi.

3

Do

Nous étions des lycéens de Gap. Nous portions des vestes Francital ou des Broad Peak bleu marine doublées d'amiante. Nous grimpions en « grosses », la révolution des chaussons d'escalade n'était pas encore arrivée jusqu'aux Alpes du Sud. J'étudiais le latin, je préparais un bac scientifique, je passais pour l'intello de la bande même si, du reste, beaucoup étaient bien meilleurs que moi en classe, car je n'avais rien fait en maths, chimie et physique en Algérie, mais je faisais du ski en compétition dans l'équipe du lycée et j'avais quelques aptitudes en escalade. Je m'y suis mis à fond, c'était une façon d'exister dans ma bande de copains. Après les cours, dès que possible, je fourrais mon manuel *Techniques de l'alpinisme* dans un sac à dos, j'enfourchais mon vélo et on montait les 8 kilomètres de côte jusqu'aux blocs de Saint-Michel-de-Chaillol, 600 mètres de dénivelé plus haut. Je connaissais le bouquin par cœur : et hop, un rétablissement, une opposition, un grattonnage. J'ai appris les gestes de la grimpe comme ça. On s'est quand même fait quelques frayeurs. La hauteur ne nous faisait pas très peur et les *crash pads* n'existaient évidemment pas. Le risque faisait partie du jeu et de la découverte. Une de mes complices dans ces escapades, Chantal, la fille du médecin du village, y a laissé une grosse fracture la veille du bac. Je nous revois dans l'ambulance. Elle ne savait pas encore qu'elle aussi serait médecin au village, un jour.

Cette année-là, quand on me demandait ce que je voulais faire de ma vie, je répondais historien, philosophe, mais aussi berger ou moniteur de ski. Avec le manuel (le « mémento ») de la fédé, je préparais le premier degré de monitorat. On se sentait bien en montagne.

Et puis Patrick Edlinger est arrivé avec les films extraordinaires de Jean-Paul Janssen. Il nous apportait les chaussons d'escalade et l'hédonisme, la lumière des falaises du Sud, le calcaire fabuleux de Buoux et du Verdon. On le suivait dans les magazines, *Alpi Rando, Vertical*... L'escalade, ce n'était plus seulement la montagne. Elle pouvait s'adoucir, nous envahir. Mon rapport à la vie s'est défini là, jusqu'au bout des doigts, au bout des pieds. Grimper, c'était vivre ici, maintenant, et surtout pas à moitié : la vie totale. La vie au bout des doigts, oui !

C'était aussi notre histoire commune, mon frère Dominique et moi. On était très proches, il n'avait qu'un an de moins que moi, on faisait les quatre cents coups ensemble. Do était physiquement beaucoup plus fort, et beaucoup plus téméraire. Nos empoignades d'enfants lui laissaient le dessus. Nous nous sommes lancés tous les deux dans nos premières courses d'alpinisme, en Valgaudemar, sans jamais prendre de guide. On apprenait les uns des autres, avec les copains : faire des nœuds en huit, assurer au descendeur. S'encorder.

Dominique avait un caractère plus que trempé. À cette époque, sa vie devenait turbulente et bousculait celle de la famille, la mienne, mais surtout celle de notre plus jeune frère et de la petite dernière de la fratrie. Ses coups de colère contre l'autorité parentale et l'ordre établi l'ont un jour amené à claquer la porte de la maison. Il a arrêté le lycée à Gap, pris un boulot comme ouvrier dans les travaux publics à Romans. Afin de gagner sa vie, s'acheter sa moto, être libre, il était prêt à travailler l'hiver au bord des routes. L'onglée et les engelures des mains dans l'eau glacée pour couler le béton. Il est entré en rébellion contre l'institution, la famille. Après Nietzsche et Baudelaire, il tournait à Dire Straits et Lavilliers : « Nous étions jeunes et larges d'épaules / Bandits joyeux, insolents et drôles / On attendait que la mort nous frôle. »

L'autorité ne nous impressionnait guère. Après mon bac, j'avais commencé une prépa au lycée du Parc, à Lyon, où il m'arrivait de faire le mur par les trois étages pour rentrer à l'internat. Le week-end, je descendais à Romans, j'enfourchais sa moto derrière Do, on mettait la corde sur le sac, on traversait les villages et les champs de blé pour aller grimper à Rochefort-Samson dans des gorges magnifiques, au pied du Vercors. On retrouvait les frères Gravier, dont l'un était en prépa comme moi au lycée du Parc et l'autre, alors en terminale, voulait devenir guide (il l'est devenu). Ils étaient raisonnables, nous n'étions pas très prudents. Les voies d'escalade étaient équipées « à l'ancienne », avec de vieux pitons de loin en loin, quelques scellements plus solides. On démarrait depuis des cailloux dans le torrent. Do partait, sans trop s'inquiéter de savoir si je suivais ou pas... donc je suivais. Quand j'étais en tête, je ne savais pas toujours s'il m'assurait ou s'il était en train de se rouler une clope. On n'avait pas de topo, donc pas forcément le niveau technique, on manquait d'expérience. Do posait des protections quand il les voyait, et il ne les cherchait pas toujours. J'ai pris goût à ce cocktail d'incertitude et de risque que les grimpeurs appellent l'engagement. Ces expériences intenses, *engagées*, nous reliaient à un moment où nos vies étaient en train de prendre des directions différentes... C'était même étonnant de voir que ce qui nous reliait n'était finalement pas toujours l'assurage de la corde. C'était autre chose.

Il s'éloignait, je sentais son mal-être, mais pouvais-je le sonder et le comprendre ? Ses difficultés étaient de plus en plus dures à vivre pour moi, pour lui aussi bien sûr, pour les autres. L'escalade nous reliait encore, toujours. Je n'étais pas prêt à ce que le danger ou le risque nous privent de cette relation. Elle n'avait pas de prix.

*

Je suis parti étudier à Paris. Nos rencontres se sont espacées. À HEC, pour ne pas perdre les habitudes, j'escaladais les murs que je trouvais : les parements de pierre du bâtiment des études ou du gymnase, beaucoup plus haut, et plus rarement, les balcons du bâtiment C jusqu'à ma chambre du quatrième étage. C'est là qu'un soir j'ai reçu le coup de téléphone qui a donné un autre cours, une autre couleur à ma vie, comme un filtre qui s'y est posé pour toujours. Dominique était interné en hôpital psychiatrique. On saurait un jour qu'il s'agissait de schizophrénie.

J'avais pensé accompagner mon frère dans la traversée d'une violente crise d'adolescence, d'une révolte dans laquelle, sur le fond, je le rejoignais en bien des choses. Lui, épris de philosophie, de poésie, tragique, grand, excessif dans toutes ses postures de vie. Mais la tangente qui l'éloignait était celle de la maladie mentale. Alors je la suivrais aussi. Je savais que j'étais le seul en situation de pouvoir marcher aussi loin avec lui, sur cette arête entre la folie et la raison, descendre en rappel dans ces catacombes intérieures. Être avec lui. Nous avions toujours été ensemble, rivaux et alliés, nous allions rester ensemble.

Le jour où j'ai su que Dominique avait acheté une arme à feu, il a fallu négocier avec lui. Certaines phases d'excitation le rendaient agressif et dangereux pour lui-même et les autres. Je n'allais pas laisser mon frère se promener avec une arme chargée. Je crois que mes parents n'ont même pas eu connaissance de cet épisode. Il y a eu aussi des moments où j'ai dû choisir qui je protégeais physiquement, car je ne pouvais pas être partout à la fois. J'ai dû apprendre à faire face à des décisions difficiles, mais ce sont mon plus jeune frère et ma sœur bien-aimés qui ont sans aucun doute subi le plus les contrecoups de ce que la maladie de Dominique a réveillé. Mon absence à leur côté dans ces moments-là est une blessure qui est restée ouverte en moi.

Do avait fugué de la maison. Il lui faudrait bien des années pour retrouver graduellement des relations un peu apaisées avec la famille.

Je passais alors d'un monde à l'autre. Je commençais une vie intense dans la finance et je découvrais les hôpitaux psychiatriques, j'ouvrais les yeux sur des réalités inconnues. J'ai mûri, j'ai grandi, j'ai appris. Appris à passer la nuit à le chercher dans la ville, appris à parler le langage de ceux qu'on appelle les fous pour ne pas perdre le dialogue. J'ai découvert la beauté au fond de ce langage, compris à quel point la normalité enferme. J'ai découvert la terrible beauté de l'altérité, de la fragilité. Un autre univers s'est ouvert.

Pendant toutes les années qui ont suivi, Dominique est resté très proche physiquement de notre petite famille, Magali, nos trois enfants. En Bretagne, puis à Ville-d'Avray, à l'ouest de Paris. J'étais par monts et par vaux, mais j'essayais le plus souvent possible de passer un moment avec lui avant de partir au travail. Je pouvais commencer ma journée en passant prendre un café à 5 heures du matin : il était toujours debout, car ses voix l'empêchaient de dormir. Il préparait une thermos de café pour les éboueurs. Et pendant que je décollais pour Shanghai ou New York, il allait s'installer sur la place pour aider les vieilles dames avec leur cabas ou faire traverser les enfants qui partaient à l'école. Le soir, il prenait sa guitare pour aller jouer de la musique à la maison de retraite. Il était proche de chacun. Son sourire et sa bienveillance parfois rude l'emportaient sur ses excentricités et ses brusques mouvements d'humeur quand se réveillaient les voix – il rentrait alors en lui-même et savait se mettre à l'écart. Je rentrais d'un rendez-vous avec un gouvernement et on m'arrêtait dans la rue à Ville-d'Avray : « Vous ne seriez pas le frère de Dominique ? »

Do était proche de la terre. Adolescent, il adorait Giono, il en connaissait des pages entières par cœur. Après sa première hospitalisation, il a réussi à reprendre des études et à décrocher un diplôme d'ingénieur agronome avant de rechuter et d'être de nouveau happé par la maladie. Il n'a jamais oublié la montagne de notre enfance. Alors, un matin, il a pris son éternel sac à dos, un grand Millet bleu marine de 75 litres qu'il avait depuis l'adolescence, il a quitté la ville et il est reparti vivre à Saint-Bonnet-en-Champsaur. Il a retrouvé la ferme des voisins où il avait appris comme nos copains Guédan, fils de paysans, à conduire le tracteur à 13 ans et à vêler les vaches. Les copains étaient toujours là, ils avaient repris l'exploitation familiale, et il les aidait le matin dans leur fromagerie. Puis il allait faire la sieste près d'un torrent, car ses insomnies l'épuisaient. Et là, tous les jours ou presque, il posait son téléphone à côté d'un filet d'eau et il m'appelait. Où que je sois dans le monde, j'entendais cette voix de la nature qu'il me faisait partager sans un mot. Le chant du monde.

Cet appel était mon urgence environnementale et sociale à la fois. Ce lien simple que nous avions partagé, enfants, avec la nature. Je ne me suis jamais mieux senti dans mon métier que lorsque j'étais dans des petites fermes de quelques vaches, en Algérie, au Bangladesh, au Kenya ou même en France chez nos éleveurs. Quand je m'engage depuis des années pour l'agriculture régénératrice ou la biodiversité, ce ne sont pas des constructions intellectuelles ou idéologiques, ce sont des expériences vécues et partagées.

*

Comme moi, Dominique aimait le vallon de Clausis, qui s'enfonce vers le monde minéral des crêtes frontalières, au-dessus de Saint-Véran. Le cœur du vallon c'est une petite chapelle posée sur une éminence, à portée de vue du refuge de la Blanche. Il aimait passer du temps en ces hauts lieux, à 2 500 mètres d'altitude. Il avait repéré une bergerie délabrée, quelques mètres en contrebas du chemin, et entrepris de nettoyer une pièce pour en faire un abri. Il avait remonté un petit poêle, apporté une couverture, du café et un livre d'or. Il l'avait baptisé « L'Aube riante » et venait faire un brin de ménage quand il arrivait dans le vallon. Le cahier laissé sur place témoignait des nombreux passages de celles et ceux qui y avaient trouvé abri, surpris par l'orage, la pluie, la nuit, au fil des saisons. Puis il montait rendre visite à François, le gardien du refuge de la Blanche. Longtemps, le refuge a été une simple cabane en bois, posée au bord d'un petit lac, avec un dortoir de dix places, ouvert été comme hiver. Le soir, François soufflait sa bougie, étalait sa peau de chèvre sur deux bancs de la salle commune qu'il avait rapprochés, s'enroulait dans une couverture et dormait du sommeil du juste jusqu'à 5 heures du matin. Et pendant dix ans, aux intersaisons, il a construit quasiment de ses mains le nouveau refuge, de l'autre côté du lac. Sa compagne, Claire, travaillait à Saint-Véran pendant toutes ces années. Ces deux-là ont décidé de se marier lorsque François a passé la main au refuge, et a pris sa retraite. « À quoi bon avant, on n'avait pas le temps de se voir, de toute façon ! »

Au refuge, l'hiver, Do passait ses nuits d'insomnie à fumer dehors par moins quinze, à prier ou à déneiger la terrasse pour se réchauffer en attendant l'heure du réveil du gardien. Il arrivait de Saint-Bonnet en voiture, deux heures d'une route qu'il connaissait par cœur, puis prenait le chemin à pas lents, et débarquait, parfois en pleine nuit, avec une thermos de café. S'il y avait trop de monde ou trop de bruit, il s'esquivait du refuge pour se replier dans la cabane de l'autre côté du lac. Il vivait dans ces contrées, priant et vivant un peu comme un ermite, à son rythme, dans son monde, mais au contact de chacun, avec une facilité déconcertante à entrer en relation avec les gens, pour un bonjour, une clope roulée, un café tiède. Vers la fin de sa vie, il était devenu oblat de l'abbaye bénédictine de Ganagobie, un peu plus au sud. Il a prononcé ses vœux quelques semaines avant sa mort.

*

Des années plus tard, quand le directeur d'HEC a invité le directeur général de Danone que j'étais devenu à prononcer un discours devant les jeunes diplômés, j'ai choisi de partager avec eux l'histoire de ce frère qui a changé mon regard sur le monde. Dominique est la personne qui a le plus marqué ma vie. Il a été la présence de tout ce dont mon métier avait vocation à me couper : la précarité, la rue, les SDF, les marges. Et l'agriculture, les terroirs, la nature, nos racines... J'ai commencé mon discours en français pour raconter son histoire, intimement liée à la mienne ; puis je suis passé à l'anglais pour évoquer les conclusions que je souhaitais partager avec ces futurs leaders de l'économie – la règle pour ce discours dans cette école internationale était d'être bilingue. Je les ai mis en garde contre les trois maux qui nous guettent, détenteurs de ce diplôme prestigieux et à l'orée d'une brillante carrière : *power, money and glory*. Et je leur ai parlé de ce qui les attendait dans leur vie professionnelle : « On vous a parlé d'une "main invisible", elle n'existe pas – ou si elle existe, elle est plus handicapée que mon frère. Elle est brisée. Il n'y a que vos mains. Mes mains, toutes nos mains si vous voulez que les choses changent, pour le meilleur. » Je les ai exhortés à trouver leur petit frère, leur petite sœur, à se mettre à l'écoute de cette petite voix au fond d'eux-mêmes, cette mélodie qui les rend uniques dans la symphonie du monde.

Les mots se posaient les uns après les autres. J'étais calme, habité, bien debout, concentré, attentif à tenir dans mon regard celui des jeunes assis dans les premiers rangs. Leur parler, à eux, pas à une foule, parler à chacune et chacun d'eux. Quelques heures plus tard, la rumeur est montée. L'impact de ces mots a dépassé tout ce que j'aurais pu imaginer. À vrai dire, je n'avais rien imaginé du tout. La vidéo de ces neuf minutes a été vue plusieurs millions de fois sur YouTube et les réseaux sociaux. Cinq ans après, il ne se passe jamais plus de quelques jours sans que quelqu'un m'écrive ou m'en parle, et très souvent pour me dire « j'ai vécu la même chose ». Deux mois après mon discours, j'avais rendez-vous au secrétariat général de l'ONU, à New York. Mon interlocuteur m'a remercié les larmes aux yeux : « J'ai réalisé, m'a-t-il dit, que la personne dont je suis le plus fier est mon fils tétraplégique. C'est très dur, mais il me donne une leçon de vie tous les jours. » Des rencontres de ce type, je continue à en faire en permanence dans le monde entier : avec des patrons ou des syndicalistes, des responsables d'agences multilatérales, à la Banque mondiale ou avec des jeunes en crise. À Paris, des gens m'arrêtent parfois dans la rue simplement pour me parler d'un frère, d'un cousin, d'une mère, de leur compagnon ou de leur enfant.

Ce matin-là, à HEC, les mots étaient simplement authentiques, pour parler de ce que nous avions vécu. Et lorsqu'on arrive à toucher ce point-là en soi-même, cela résonne de façon un peu universelle : ça nous est arrivé à nous, ça pourrait être n'importe qui d'autre.

*

C'est ici, au-dessus du refuge de la Blanche, que j'ai grimpé pour la dernière fois avec Do. À la fin de sa vie, les médicaments lui permettaient d'éviter les épisodes les plus critiques et les hospitalisations, mais cette maladie ne connaît pas de rémission. On apprend à vivre avec. « Je gère, gars » comme il disait, quand on le voyait froncer le sourcil ou s'écarter brusquement. Lui qui avait été une force de la nature voyait sa santé se dégrader avec les doses fortes dont il continuait à avoir besoin pour « gérer ». Il était fatigué, un peu en surpoids, et chaque hiver, chaque été, s'essoufflait un peu plus vite, un peu plus tôt dans nos balades fétiches. Nous sommes montés dans les falaises à chamois vers la Rocca Bianca, juste au-dessus du refuge. Nous nous sommes encordés. Ce n'était pas rien qu'il m'assure : je lui faisais confiance, il se faisait confiance.

C'est aussi ici, au-dessus du refuge de la Blanche, face à ces croupes d'herbe rase qui accrochent la lumière comme nulle part ailleurs, que j'ai emmené sa fille, ma filleule, faire ses premières longueurs d'escalade en tête, l'été de ses 15 ans. On y surplombe le nouveau refuge vaste et confortable. Et de l'autre côté du petit lac, la cabane en planches est toujours là.

C'est ici que je suis revenu pour imaginer ce livre, comme une traversée d'arête, en cordée. Dans cette montagne humaine, cette montagne où tant de souvenirs me relient à celles et ceux que j'aime.

4

Sous les étoiles

L'envie est trop forte, comment résister, mais surtout pourquoi résister ? En débarquant à la nuit tombante dans la gare magnifique d'Avignon, la pleine lune s'encadre dans la porte coulissante du TGV. Elle se lève droit dans l'axe, à l'est, derrière le Ventoux. On se regarde avec mon pote Olivier : pourquoi attendre demain ? Nous partons pour les Dentelles de Montmirail, grimper sous la lune. Olivier est lui aussi un amoureux des expériences profondes dans les milieux naturels. Dur au mal, en quête permanente de sens dans sa vie. Il est coach de dirigeants. Jamais plus heureux que lorsqu'il respire à pleins poumons l'air vif des verticales.

Une heure plus tard, nous y sommes. Les vignes sommeillent. Nous nous encordons au pied d'une belle dalle de calcaire qui réfléchit la clarté bleutée, comme de la neige. J'éteins la lampe frontale et j'attaque les premiers pas sur le rocher encore tiède. Les ombres se marquent, c'est magique. Nous sommes les acteurs d'un fabuleux spectacle minéral. Les cigales se sont tues, laissant s'épanouir les bruits de la nuit, zonzon d'insectes, étincellement sonore des chauves-souris qui frôlent nos oreilles. Elles volettent de leurs ailes de velours, sans doute surprises de nous trouver à cette heure dans leur domaine. Le rocher se rafraîchit, mais les anfractuosités sont encore chaudes, gorgées du soleil provençal.

La falaise fait face au sud. Au début, la lune nous éclaire de profil, mais les heures tournent et elle projette maintenant mon ombre sur le rocher droit en face de moi. Je dois anticiper, décaler légèrement mon corps avant que mon ombre ne masque les prises. C'est une escalade complètement nouvelle, sensitive. Je découvre la finesse du toucher, la peau du calcaire m'envoie des messages en braille. On croit deviner une prise, les doigts s'approchent, tâtonnent, pincent. L'escalade se fait tactile.

Je grimpe en partie à l'aveugle. La ligne d'horizon engloutie dans l'obscurité, les repères sont chamboulés, ont disparu. Mes équilibres se cherchent, il faut se tenir plus encore sur les pieds, bien posés. Tout devient plus lent, le temps suspend sa course. Il faut deviner les points de protection à l'instinct. Ce sont des scellements ronds et mats, ils ne brillent pas sous la lune. Je sens la vigilance d'Olive qui m'assure, attentif à sentir mes mouvements dans la corde. Elle vient juste quand il faut : cliquetis de la dégaine dans l'obscurité, deux brassées de mou. Nous prenons notre temps. En montagne, je commence à être en semi-alerte à partir de 2 heures de l'après-midi : les radars entrent en action pour chercher la sortie, le refuge, anticiper l'orage possible de fin de journée, la nuit froide. Là, rien ne presse, nous avons la nuit étoilée pour nous. Le jour se lèvera demain, nous aurons peut-être un peu dormi d'ici là. Le temps a lui aussi disparu. C'est un festin nocturne que nous nous offrons !

*

Aussi loin que je me souvienne, la nuit m'a toujours inspiré. Quand j'étais enfant, il m'arrivait de me lever la nuit pour lire et écrire, bravant l'interdiction parentale. J'ouvrais la fenêtre, je m'installais sur le balcon pour gratter quelques vers enfantins maladroits, des petites nouvelles avec des héros auxquels je m'identifiais. Écrire, c'était laisser l'imagination inventer un réel. C'était densifier la rêverie. Amener l'ailleurs ici, le demain maintenant. J'avais découvert la lecture. J'aimais la nuit, j'aimais écrire.

Sur le rocher aussi, j'aime la lecture. Lire la voie, la déchiffrer, c'est faire confiance à son intuition. Balayer ce champ de vision au-dessus de moi, déformé par la perspective, repérer, deviner puis enclencher le mouvement. La progression devient une projection permanente de soi dans un temps proche, limité à l'espace des trois ou quatre mètres qui viennent, jusqu'à un prochain point de repos que l'on devine dans le relief. Visualiser les mouvements pour franchir cet espace, parfois seulement les imaginer. On se dit que ça doit être ça parce qu'on connaît le style du rocher ou le niveau de la voie : je ne vois rien, mais il doit sûrement y avoir quelque chose, j'engage le mouvement sur ce petit pari, et je trouve la prise ! C'est un jeu. L'erreur en fait partie. Si je me trompe, je dois revenir à ma position de départ, essayer autre chose, mais alors je perds le rythme. Car on ne grimpe pas hors du temps, on grimpe dans un flux – je dois rester dans le rythme grâce à mon intuition et à cette projection continue de « moi dans quelques secondes ». Je dois m'imaginer entièrement, pas seulement mentalement : moi dans quelques secondes avec mon poids, mon corps, mon équilibre, tout moi dans ce pied que je vais devoir monter et la poussée sur le bout des orteils. C'est le symétrique d'une mémoire courte : une projection courte dans le temps à venir. Je la trouve encore plus jubilatoire quand je n'ai aucune connaissance préalable de la voie, aucune mémoire des mouvements. Je n'aime rien tant que cela : grimper *à vue*.

J'ai une particularité cocasse qui facilite l'exercice et amuse beaucoup mes compagnons d'escalade : quand je grimpe, je suis quasi amnésique. Je suis incapable de bien me souvenir des mouvements, des prises. Je ne mémorise pas. Je passe dans le flux. C'est devenu une blague pour mes copains quand j'attaque une voie : « Manu, si tu as l'impression de reconnaître une prise, c'est qu'on n'a pas encore fait la voie ! » Eh oui, en salle, où l'on avale les voies sans trop s'en soucier, il m'est arrivé d'être fier de ma mémoire en retrouvant les mouvements clés d'un passage et, de retour au sol, d'entendre mon pote me dire que je n'avais jamais fait la voie. Hypothèse émise par les copains : peut-être est-ce un mécanisme que je me suis créé pour me délester des milliards de choses dont j'ai la tête farcie en permanence. Dix réunions, deux cents e-mails par jour. En tout cas, au moment de m'encorder, je lâche, j'oublie tout. Un copain, une corde, une voie. C'est simple, la vie. Il me reste le sens de l'itinéraire, du geste. Évidemment, quand je me rapproche de ma limite technique, je prends des « vols ». Sur le même pas délicat, je viens pour la troisième fois de monter le pied gauche avant le pied droit. Comment ai-je pu oublier ? Je m'insupporte. Laurent est là, souvent, qui me réconforte, toujours prévenant. Il sait ce que c'est que la pression d'une responsabilité comme la mienne, lui qui a été jeune et longtemps au comité exécutif de Véolia et qui, comme moi, cherche non pas à gérer le *statu quo*, mais à faire bouger les choses – en grimpe, ne pas avancer, c'est tout simplement renoncer. Mais lui, Laurent, est tellement fort que, mémoire ou pas, la plupart du temps, ça passe. J'admire sa détermination, et son calme zen, puisé dans les arts martiaux et dans ses tranches de vie en Corée, au Japon, sa générosité. Laurent est un ancrage pour moi dans nos milieux professionnels.

Au-delà d'un certain niveau, tous les grimpeurs travaillent les voies et mémorisent les mouvements. Sauf dans les gros dévers, le travail se fait généralement « en moulinette », la corde déjà passée dans le point haut de la voie, de sorte que la chute est indolore. Je n'aime pas beaucoup ce travail. Je ne grimpe pas bien avec une corde devant moi. C'est très pratique, mais je n'ai pas la même concentration, les mêmes sensations. Je préfère grimper en tête, au risque calculé de la chute. Et puis le travail d'apprentissage ne m'apporte pas grand-chose puisque ma grimpe ne passe pas beaucoup par la mémoire. Quand je m'acharne sur un passage qui me résiste et que je répète *ad libitum* la même séquence ratée jusqu'à la chute, les copains viennent à ma rescousse : « N'oublie pas de changer de main après la troisième dégaine ! » Une voie, une corde, un copain.

Manoel, dit Mano, est un ami, un compagnon de toujours et de quelques-unes de mes plus belles aventures verticales. Il cache sa sensibilité sous l'allure d'un polytechnicien analytique et cortiqué. Un jour, en Provence, après une session de travail infructueuse sur une voie au nom évocateur, *Pèlerins de la planète,* il nous a dessiné un croquis complet des quelques mètres du crux où tous les mouvements étaient détaillés un par un, et numérotés dans l'ordre d'exécution : main gauche, pied droit, pied gauche, main droite, etc. Je l'ai appris par cœur. Quand j'ai enfin réussi la voie, je l'ai remercié, et lui : « Bien joué, Manu. Au fait, tu n'as pas du tout appliqué ma méthode ! »

Je peux finir par sortir une voie à force de répétitions et il m'est arrivé de trouver un vrai plaisir à enchaîner les mouvements dans une voie difficile sans hésitation. C'est beau, car les mouvements sont durs, et pour s'enchaîner, ils doivent être propres, posés, fluides. C'est comme jouer une partition, exécuter un ballet. C'est très beau, mais au bout, je préfère encore plus l'improvisation.

Je reviens plusieurs fois par an aux Dentelles de Montmirail, avec toujours autant de plaisir. J'y retrouve des voies dont certaines nous résistent depuis une dizaine d'années, je refais une tentative ou deux, rarement avec les mêmes méthodes. Un jour, Mano réussit une voie sur laquelle on s'acharnait depuis des lustres. J'essaye juste après lui et je tombe. Je suis heureux de son bonheur, mais pas frustré pour moi.

Je ne suis pas un grimpeur exceptionnel, aligner des voies ou des sommets sur ma liste de courses ne peut avoir de sens que pour moi-même. Ces histoires ne regardent que le rocher et moi, un copain, des aventures qu'on a vécues, des amitiés qui se sont tissées et renforcées. Inconditionnelles. C'est notre vie, ce n'est rien d'intéressant dans l'absolu.

Pour autant, je vis l'escalade intensément, dans l'instant. C'est le cas pendant ces séances dans la salle de Climb Up à Paris, l'hiver de la crise. Je suis avec François, compagnon d'exil parisien, qui fait partie de la même bande que Laurent et Mano et dont le passé à Fontainebleau, un 8a bloc (qu'il conteste), n'est pas si loin derrière lui. Nous partageons la joie de nos retrouvailles verticales. Entre les voies, nous discutons de cinéma et de théâtre. C'est un sensible, esthète et perfectionniste. Il a repéré une voie dont il est sûr qu'elle est pour moi. La cote, 7c, ne nous laisse théoriquement aucune chance. Mais un léger dévers, de toutes petites réglettes, du gainage, c'est juste ce que j'aime. François m'y ramène à chaque séance, il m'assure, m'encourage. J'en ai tellement envie que, pour une fois, je la travaille en m'efforçant de mémoriser la cinquantaine de mouvements. J'ai pris une photo, et je refais mentalement les *moves*... Combien de fois avons-nous essayé à tour de rôle ? On m'a beaucoup entendu râler. Mes copains savent que je ne lâche pas les prises, même quand ça fait mal... Ce soir-là, je réussis tout juste à poser la main sur la dernière prise, tout en haut. Je fais un grand vol car j'ai choisi de ne pas clipper les deux dernières dégaines pour économiser des mouvements et n'avais pas mis la première non plus afin de gagner du temps. François, qui m'assure, décolle de trois mètres et on se retrouve tous les deux à la même hauteur, pendus chacun à un bout de la corde, un peu secoués et hilares. « Ça va ? » « Ça va, oui. ». Pour finir, la voie sera décotée 7b+.

Cette voie-là, je m'en souviens si bien que je peux la convoquer lorsque j'ai besoin de me recentrer ou de m'endormir. J'y retourne mentalement. Concentration. Précision. Respiration. Le calme intérieur revient. Je m'endors en quelques minutes.

*

Quand Dominique a été hospitalisé, l'escalade s'est enfermée quelque part en moi. À 22 ans, j'ai plongé dans ma nouvelle vie de banquier d'affaires. À Paris ou Londres, nous conseillions de grands groupes pour des opérations de fusions et acquisitions. J'ai écrit mon premier livre sur la finance et l'économie, *Main basse sur la cité,* nous avons eu trois enfants en trois ans et demi. Le ski est resté mon lien avec la montagne. Nos enfants s'y sont mis très tôt. Ils ont pris, avec des amis de leur âge, le chemin des piquets de compétition de slalom, ils ont connu la magie de l'exploration buissonnière en forêt, des bords de pistes où l'on déniche des passages improbables, des randonnées à peau de phoque en montagne.

Quand l'appétit de l'escalade m'est revenu, j'ai ressenti le besoin de ne pas repartir tout seul. J'ai rencontré Érik Decamp par des amis, à Chamonix. Il est guide et fait des interventions en entreprise sur la gestion du risque ou la sécurité, on s'est bien entendus. Érik a choisi une grande voie du vallon de Barberine, *Vipère au pied.* Lorsque je suis parti en tête, j'ai retrouvé instantanément cette sensation incroyable de voyage entre les points. La dizaine d'années passée loin des falaises a été effacée en quelques mouvements.

La course suivante avec Érik a été une expérience décapante. Arrivé à 5 heures du matin à l'aéroport de Genève, en provenance de Pékin, je saute dans une voiture de location, me gare une heure et demie plus tard sur le parking du téléphérique à Chamonix. Nous sautons dans la première benne. Au sommet de l'aiguille du Midi, on s'engage dans un tunnel creusé dans le granit, j'ai l'impression d'entrer dans le métro. On s'arrête chausser les crampons, mettre le casque, on ouvre une porte et... quel choc ! Je suis projeté violemment en haute montagne, au cœur du massif du Mont-Blanc. Je sors d'une négociation difficile la veille à Pékin, je suis jet-lagué, descendu de l'avion il y a moins de trois heures, j'ai laissé mon costume dans la voiture quand je me suis changé avant de prendre la benne et de faire un saut de 3 000 mètres vers le haut. J'ai l'impression de pénétrer en montagne par effraction. La montagne, c'est le lieu du sacré, d'un voyage vers le haut à la rencontre de forces qui me dépassent... et me voilà balancé par un moyen mécanique, vers un tunnel qui ressemble au métro, et qui ouvre sans crier gare sur ce monde de roc et de glace. Je suis littéralement cogné par la brutalité de ce « dépaysement ».

On est descendus sur l'arête de neige et on est allés faire la Rébuffat, une belle voie dans la face sud de l'aiguille du Midi. J'ai adoré la grimpe, c'était cool, avec un splendide toit à contourner en fin de première longueur, un passage retors dans la longueur au-dessus de la fissure en S ensuite, puis des dièdres profonds, plus froids, certains enneigés. Une belle aventure sur ce granit orange merveilleux. En haut de la voie, on bascule en face nord, du côté de la gare du téléphérique, par une courte désescalade, un petit pas à franchir, on passe une rambarde en métal et on se retrouve à ranger la corde au milieu des touristes japonais en bob qui nous photographient. La brutalité de la rencontre à 3 800 mètres entre le monde d'en haut et celui d'en bas bafoue l'espace et le temps qui les séparent et les relient en moi. Cette irruption dans le monde de la haute montagne me perturbe, mais elle réveille un désir profondément ancré. Ce que je cherche là-haut appelle une forme de lenteur. Le temps de la contemplation.

*

C'est l'hiver, l'avant-veille de Noël. Nous descendons avec Magali une fois de plus vers Avignon. Demain, nous prendrons la route de Saint-Véran en remontant la Durance. Depuis le TGV, alors que le jour baisse, j'aperçois la pleine lune qui se lève sur le mont Ventoux. De nouveau, la nuit m'appelle. Alors, quelques heures plus tard, je quitte la bastide endormie. Le froid est mordant sous les étoiles du ciel d'hiver. Ciel étincelant, lavé par le vent nocturne. La Provence dort, hiberne, presque. Direction le Ventoux. Montée par la route sinueuse ourlée de la silhouette noire des pins, bientôt rehaussée par les taches claires de la neige. Je gare la voiture là où s'arrête le déneigement, dans un virage bordé d'une congère de trois mètres, au niveau du Chalet Reynard. Je n'ai croisé personne, pas même un chevreuil ou un chamois. Je suis seul. Un coup d'œil vers l'arrière : près de mille mètres plus bas, les lumignons orangés des villages resserrés dans l'hiver. Au-dessus, c'est un autre monde. Le vent souffle beaucoup plus fort que je ne l'avais évalué. En tempête. Ici, les records atteignent plus de 200 km/h. Il fait un froid de gueux.

Je suis pris d'un doute en allumant ma frontale. Mais je veux voir le soleil se lever depuis le sommet. Je m'équipe. La pleine lune éclaire le versant sud de la montagne. Je pose les skis. Neige cartonnée. J'éteins la frontale. Une immense surface neigeuse en pente douce se découvre, remontant sur plusieurs kilomètres jusqu'au sommet où clignote l'antenne du relais hertzien. À l'azimut, je me dirige vers le nord-est. Au fur et à mesure que je me rapproche de la face est, monte un grondement que je n'identifie pas. Plusieurs minutes plus tard, j'y arrive et le bruit est ahurissant. Dans une féerie de tourbillons de neige qui volent sous les rayons de la lune, une souffleuse monstrueuse remonte du versant est. Elle a littéralement laminé l'arête, la recouvrant d'une carapace de neige striée par le vent. Je m'avance encore, et encore, avec circonspection. Je m'acclimate à l'ambiance, en posant les skis en crabe, courbé contre le vent et progressant au convexe de l'arête. La souffleuse est d'une incroyable régularité. Alors je n'y tiens plus : je mets les skis dans le toboggan qui plonge, poussé par la curiosité de voir en dessous. Je m'y laisse glisser quelques mètres, freiné par le vent, que je prends exactement de face. Il monte encore en puissance en quelques secondes. Je lui fais face, les bras légèrement écartés pour ne pas perdre l'équilibre. Mon poids, mon être, contre le sien, en équilibre. Je ne glisse plus. Nous sommes immobiles, face à face.

« C'est que les vents tombant des grands monts de Norvège
T'avaient parlé tout bas de l'âpre liberté. »

Ces vers de Rimbaud, j'y suis. Le Ventoux n'a pas été nommé par hasard. C'est là, c'est maintenant. Je sens le plastique froid des fermetures Éclair de mes vêtements sur ma peau tant la pression est forte. Le vent est sur moi, partout. Je respire comme si j'étais sous l'eau et que, dans le tourbillon d'une énorme vague, l'air pénétrait en moi comme de l'eau, par effraction. Le vent entre en moi, forçant le passage de mes lèvres, de mes narines, des pores de ma peau. Il m'habite. Me traverse. Et puis, il gagne. Encore un peu plus fort. Malgré les peaux de phoque, sur cette neige tellement dure, la rafale me pousse dans la pente que je remonte en marche arrière. Quelques secondes où cet équilibre me met en apesanteur. Et puis, les peaux accrochent et je tombe, durement, sur cette surface de béton. Une longue lutte pour me relever. Je m'y reprends à plusieurs fois. Mes skis sont littéralement retournés par le vent, car mes fixations sont restées en position montée. Je crains de déchausser et de les perdre.

J'arme tant bien que mal la position descente. Je me relève en tournant le dos à cette force. Derrière, le paysage est lunaire, martien même. Le vent qui souffle sans doute à plus de 100 km/h a dégagé des sculptures de neige aussi hautes que moi et vers lesquelles il me précipite maintenant. Je m'arrête pour reprendre mon souffle et mes esprits. Tout un peuple de créatures de gel, de fantômes de glace dont les ombres portées par la lune s'animent dans le blizzard... Les congères sont profilées avec des formes aérodynamiques qu'on ne voit qu'en soufflerie ou peut-être sur la banquise. Ici, un disque de glace, ovoïde parfait, repose sur un socle de neige durci, là c'est une volute en forme de crochet qui me retiendra peut-être quand ce vent va tenter de m'enlever encore.

Je repars, arc-bouté sous les bourrasques, remontant pas à pas vers le sommet. Les rafales claquent sur mon flanc droit, me bousculent. J'avance un pied, un coup de boutoir me paralyse, chaque pas est une lutte. Je ne tiens pas debout, mais je ne peux quitter cette arête, le regard sans cesse happé vers l'aube qui pointe, là-bas tout au fond, à l'est, où pâlissent les étoiles. J'ai emporté une thermos chaude, je m'arrête pour boire un peu de thé brûlant. Je ne suis pas pressé.

Le vent hurle à mes oreilles. Ce monde dantesque est inhumain, effrayant. Je n'ai pas peur, je suis rattrapé par cet effroi venu de l'enfance, l'effroi du soir d'orage dantesque au refuge des Bans. Le spectacle de cette nuit de tempête sous les étoiles est surnaturel. Il « est », sans même qu'une conscience humaine soit là pour lui donner une existence. Il est, par essence. Je n'ai rien à faire là, je n'y suis rien, moi qui ai violé ce moment où la nature se livre à elle-même dans ses rites immuables. Cristaux de neige, d'eau venue des étoiles.

« *Deux choses remplissent l'esprit d'admiration et de crainte incessantes : le ciel étoilé au-dessus de moi et la loi morale en moi.* »

Depuis que je l'ai défrichée en prépa grâce à un prof de philo exigeant, la formule de Kant n'a cessé de m'habiter. « L'admiration et la crainte » se combinent pour moi en cet effroi que je ressens – littéralement dans le questionnement existentiel auquel me convoquent certains instants dans la nature. Entrevoir le divin dans le tout petit d'un flocon de neige irisé par la première lumière du matin, ou dans l'infiniment grand de la ténèbre d'un orage cataclysmique. Ce même « effroi » lorsque le regard se perd dans l'immensité d'un ciel de nuit. Entrevoir l'éternel en plongeant le regard dans le temps. Et tout de suite cette question qui monte, et me prend tout entier : pourquoi ? Et moi : rien, ou quelqu'un ? Qu'est-ce qu'une conscience dans ce cosmos ? Qu'est-ce qu'une liberté à l'échelle invisible d'une simple vie ? Absurdité de cette condition humaine, si brève, si contingente – qui a choisi de naître ? Alors, oui, mon choix de tout jeune adulte, ma dignité d'homme, ce sera de défier cet absurde. Et de choisir, en conscience. Pour vivre, et mourir libre. Choix de me conformer librement à ce que je crois, ce que je sens juste, sans compromission. De l'absolu toujours, des compromis très souvent, des compromissions : jamais. Telle est la promesse que je me fais à 18 ans. C'est le chemin que je suivrai, la ligne de crête, l'arête étroite, ma vie quoi. Et dans la phrase de Kant, je découvre l'incontournable réponse pour moi. Choisir ma loi, et qu'elle devienne mon étoile polaire intérieure. Sentir au fond de moi le même « effroi » face à cette étoile. Et, surtout, la suivre, c'est-à-dire marcher sous les étoiles, car la morale n'est rien d'autre que cela : conformer ma vie à mon étoile polaire. M'engager à avancer quels que soient les obstacles, les tentations de croire qu'on est arrivé. Regarder plus loin. Et lever le regard en permanence vers les étoiles, pour ne pas se tromper d'azimut, pour le corriger en marchant, à l'écoute de l'expérience de la vie, à la rencontre de l'altérité, de l'autre, pour ouvrir toujours plus grande ma conscience d'être. C'est cela, ma liberté d'être humain.

*

Je m'arrête sous le sommet. Il fait vraiment jour maintenant. En s'élevant au-dessus des crêtes du Mercantour, loin à l'orient, le soleil balaie l'espace, ses rayons s'enroulent derrière la masse sombre et l'ombre portée du Ventoux, puis basculent dans la plaine presque deux mille mètres en dessous. L'ombre recule, l'incendie se rapproche. Parti de l'ouest, des confins de l'Ardèche, à l'horizon, où il couvait comme une braise dès l'aurore, il gagne le long ruban du Rhône au loin, puis Avignon, les coteaux de Vacqueyras, et mes bien-aimées Dentelles de Montmirail. La lumière met le feu, un à un, aux petits villages de Provence : Baumes-de-Venise, Bédoin, Malaucène, au pied du Ventoux. Mais les pentes ouest restent cachées dans l'ombre froide. Il n'y a pas de lien que le regard puisse accrocher entre cette vie d'en bas, et cet endroit où je suis. Un nouveau jour commence, je vois s'éveiller ces villages qui chatoient dans leurs couleurs d'hiver. Parfois l'éclat du soleil dans le reflet d'une vitre. J'imagine les cafés qui s'ouvrent, l'odeur des boulangeries, les salutations brèves dans les ruelles parcourues par le vent. La nature se laisse caresser par la lumière. Mais ici, je suis sur une autre planète, très, très loin au-dessus de la Provence que je connais, pourtant si proche, mais que j'observe depuis une calotte glacée, dans le hurlement du vent.

Je bois ce qui reste de thé dans la thermos. Un paquet de biscuits. Je me suis bien refroidi, et le spectacle de la lumière m'en fait prendre encore plus conscience. Je frissonne. Je rechausse mes skis et j'attaque doucement la descente parmi les fantômes de glace. Dans une heure, petit déjeuner avec Mag.

5

L'Âpre liberté

Nous nous sommes toujours réunis en famille pour Noël. Celui-ci, à la fin d'une année de pandémie, ne ressemble à aucun autre. Notre fille, Clém, vit aux quatre coins de l'Europe, nos deux fils, Vince et Olive, vivent aux États-Unis. Confiné à Paris, j'ai dû faire tourner un géant de la chaîne alimentaire pendant la pire récession de l'Histoire. Les équipes arc-boutées partout dans le monde pour que ça tienne. Les activistes ont lancé leur offensive sur Danone. Avec les enfants, nous ne nous sommes pas vus tous ensemble depuis un an. Ils veulent être à Paris pour revoir leurs copains. Pas de Saint-Véran cette année. Comme notre appartement est trop petit pour recevoir tout le monde, nous louons un Airbnb à Paris pour une semaine. C'est assez magique. Le soir de Noël, ils m'offrent deux bouquins. Le premier, *Hit the road*, présente l'histoire, les caractéristiques et des photos de toutes les sortes de véhicules nomades imaginables, depuis les vans vw bien connus des surfeurs et des grimpeurs, en passant par des bus américains pour la Route 66, des fourgonnettes aménagées, des Land Rover 4×4 avec tente de toit : le genre d'appels à l'évasion qui me font illico douter du métier que j'ai choisi ! L'autre, c'est Clém qui me l'offre : *Comment chier dans les bois*. « 2 millions de lecteurs dans le monde entier », affirme le bandeau. Pour le moment, la question ne se pose pas sérieusement, je jette juste un coup d'œil intrigué à la quatrième de couverture.

Trois mois plus tard, je quitte Danone. Le jour où je referme la porte de mon bureau, je croise un proche.

– Tu as reçu la lettre de Clémence ?

– Je ne vois pas...

– Mais si, sur Facebook.

– Ah, je n'ai pas de compte Facebook...

Je retrouve le truc. C'est une « lettre à mon père ». Clém est mezzo-soprane, elle vit dans un milieu d'artistes où être patron du CAC 40 n'est pas vraiment rock'n'roll. Elle est donc toujours restée d'une totale discrétion sur nos liens. Mais je ne suis plus PDG et elle m'écrit : « Ce dernier jour de ton métier de ces vingt-cinq années, je décide que même sur Facebook, je serai vraiment ta fille. » Dans le déluge de messages que je reçois à cette période, c'est peu dire que je suis ému de lire celui-ci. Je lui passe un coup de fil et elle me dit en rigolant que je vais enfin avoir le temps de lire le livre qu'elle m'a offert et me demande si j'ai vu sa dédicace. À la vérité, non. J'ouvre le livre à la première page et je découvre ces quelques mots sous le titre *Comment chier dans les bois* : « Bon allez Papa, en 2021, on s'attaque aux vrais problèmes ! »

Avec trois mois d'avance, mes enfants ont eu l'intuition de ce qui m'attendait : la liberté ! J'ai enfin du temps devant moi et ces deux livres parlent de ce à quoi j'aspirais. La nature et une voiture de nomade pour y accéder. Au premier matin du reste de ma vie, le vers de Rimbaud chante de nouveau à mes oreilles. La liberté, *l'âpre liberté*...

*

C'est Arnaud Petit, qui ne se la laisse pas conter en mécanique, qui a repéré l'occasion qu'il me fallait sur Leboncoin. Nous en avions vaguement parlé ensemble dans son jardin de granit secret, en Corse. Une conversation de grimpeurs sur des sujets importants, mais intemporels, comme la liste des trucs qu'on a envie de faire en montagne. Surprise, trois mois plus tard, Arnaud me passe un SMS, avec un lien sur Leboncoin. « J'ai trouvé ce qu'il te faut. » Un apiculteur du Queyras, qui vendait un VW Caddy, un petit utilitaire 4×4, juste assez spacieux pour deux personnes et du matériel d'escalade. Je l'ai fait aménager par une petite entreprise spécialisée en Ardèche. Sous la couchette, il y a des caissons en bois pour loger les cordes, chaussons, mousquetons, les jeux de friends, des topos, quelques bouquins, de quoi faire un peu de tambouille, un matelas Therm-a-Rest pour les bivouacs et mon duvet. Il y a même de la place pour deux. C'est mon camp de base, mon refuge, il m'attend à Grenoble ou à Briançon, à Aix. J'adore dormir dedans, j'aime encore plus dormir dehors.

À l'heure où il faudrait redescendre vers un village, chercher un copain chez qui dormir ou une clé sous un paillasson, je peux monter vers les crêtes, trouver un col avec une vue dégagée vers l'est pour ne rien rater du lever de soleil.

Pendant cet été de liberté, je retrouve des amis dans le massif du Mont-Blanc, nous avons prévu dix jours d'escalade en haute montagne. Mais le troisième jour, je me fais une grosse entorse en descendant un névé. Après m'être bien glacé et strappé, j'arrive tout juste à poser le pied par terre. Interruption forcée du programme. Nous nous donnons rendez-vous dans trois jours pour faire un point. Clopin-clopant, je vais pouvoir profiter de ma liberté toute neuve.

À ma sortie de Danone, j'ai reçu des milliers de mails et de messages sur Linkedin, Twitter, WhatsApp, etc. Je n'ai pu en lire qu'une fraction, mais je me souviens avoir vu passer le mot Genève à plusieurs reprises. En tapant le mot-clé, je trouve cinq ou six messages de gens qui avaient envie de me voir. Miracle de ma nouvelle vie dans mon refuge mobile, je peux leur envoyer un message proposant, impromptu, à celles ou ceux qui le souhaitent de partager un petit déjeuner, une bière ou un dîner dans un rayon de cinquante kilomètres autour de Genève et Chamonix, dans les quarante-huit heures. Trois personnes me répondent. Je rends visite à Thibaut qui me présente La French Cabane, sa start-up près d'Annecy, je dîne avec Julien qui est en plein démarrage de Umile, avec sa femme Emanuela, une très belle idée de produits sur une biodiversité alimentaire radicale. Et le lendemain, je me retrouve autour d'un barbecue improvisé avec un groupe de jeunes, dont mon ami Déo, à discuter jusqu'à minuit du sens de l'engagement dans la vie professionnelle.

Puis je reprends mon refuge à roulettes, cap sur le sommet de la Dôle, l'un des points culminants du Jura suisse. Je m'élève sur les coteaux au nord du Léman. L'orage se calme au moment où je pénètre dans une forêt ancienne. Des écharpes de brume s'accrochent aux sombres épicéas. Au sortir d'un virage, deux silhouettes majestueuses se découpent dans la lumière de mes phares. Je pile, les cerfs sont d'une taille que je n'avais jamais vue. Ils se mettent à longer la route, sans changer d'allure. Je les suis en roulant au pas, fasciné par leur ampleur, jusqu'à ce qu'ils plongent dans le talus.

Lorsque je me gare près du sommet, je suis encore sous le charme de cette rencontre nocturne. Je repère d'un coup de GPS la direction du mont Blanc pour me placer face à lui. Le ciel se dégage dans la nuit. Au matin, une mer de nuages éblouissante voile toute la plaine du Léman. Je vois le soleil se lever sur la moitié des 4 000 des Alpes.

Un peu plus bas, à La Barillette, il y a un café, officiellement encore fermé à cette heure matinale, mais il ferme mal... Quand je ressors sur la terrasse, le café fumant (et la tarte) à la main, une petite renarde est là, qui semble m'attendre pour saluer avec moi ce nouveau jour.

La porte de mon refuge mobile ouvre sur le monde. Que demander de mieux ? Que vaut le confort des hôtels cinq étoiles s'il me rend incapable de goûter le bonheur d'un bivouac ou d'un lever de soleil sur le mont Blanc ? C'est ce que j'ai écrit il y a dix ans. Il m'est donné de le vivre à pleine vie. Mais avant ce refuge sur roulettes dont j'ai fait le choix, il a fallu des années pour apprendre en tâtonnant à gérer les limites de confort, de plaisir, de puissance que l'argent permet de repousser. Et d'ailleurs, dans ma jeunesse, c'est la voiture qui en a été l'archétype.

*

Dès ma sortie d'HEC, j'ai gagné beaucoup plus d'argent que ce dont j'avais besoin. C'était la fin des années 1980, la finance triomphait, sa puissance me fascinait. J'aurais pu entrer en résistance, j'ai choisi l'infiltration. J'ai accepté l'offre d'embauche d'un cabinet de conseil en stratégie, Bain & Company, et je suis parti travailler à Londres sur une grosse OPA. Ma rémunération dépassait tout ce que j'avais pu imaginer, c'était sans doute l'un des meilleurs salaires de ma promo. Je me sentais valorisé, grisé, troublé aussi : n'étais-je pas en train de me compromettre ? Et que faire de cet argent ?

Dans notre adolescence, chaque hiver, le Rallye de Monte-Carlo passait à Gap, et souvent son tracé remontait la route sinueuse du col Bayard ou du col de Manse, à l'assaut du plateau du Champsaur. C'était la fête, surtout quand la neige était de la partie pour les étapes de nuit. Avec Dominique et aussi mon frère Michel, plus jeune de cinq ans, nous partagions une passion pour la vitesse – le ski et, pour eux deux, la moto, mais surtout la voiture, dès que l'occasion se présentait. En montant vers les compétitions de ski, nous faisions nos gammes sur les routes enneigées avec les R5, Visa et autres voitures familiales ou étudiantes.

Ah, qui dira les charmes des braquages, contre-braquages, pied frein-accélérateur, la main sur le frein à main au cas où, dans les virages enneigés des gorges de l'Arly ? Et cette descente de l'A6 depuis Paris, le pare-brise explosé par un caillou, achevée sous la pluie, avec les casques de descente sur la tête et le masque de ski antibrouillard sur les yeux ? Que ne ferait-on pas pour rejoindre les pentes enneigées ? Un matin, nous n'avons qu'une paire de chaînes pour deux voitures. La neige est toute fraîche et s'épaissit sur la route au fur et à mesure des virages. Ça va passer, espérons-nous tous. Et puis quelques kilomètres plus haut, dans les virages en côte à la sortie du bourg, des voitures en travers dans la neige. Il faut s'arrêter. Bon. Tout le monde descend. En cinq minutes, la stratégie est élaborée. On met les chaînes sur les roues avant de la Golf. Pieter reste au volant. Dans l'autre voiture, devant, je cède le volant à mon plus jeune frère – qui s'approchait de l'âge du permis, mais avait déjà une solide expérience de conduite sur neige. À deux, nous nous installons avec des sacs sur le dos sur le capot de la Golf pour ajouter du poids sur les chaînes et en augmenter l'adhérence, et les pieds arc-boutés sur le pare-chocs arrière de la voiture de devant, nous poussons. Au démarrage, ça chauffe bien les cuisses. Le convoi s'ébranle doucement, prend de la vitesse. Ceux qui poussent en courant sur les côtés et derrière sautent dedans en marche, et nous voici partis pour vingt minutes de montée, de fous rires et d'esclandres sur notre passage jusqu'à la station. La route faisait partie de l'aventure.

À Grenoble, le Garage du Quai préparait à partir du modèle de série la version rallye d'une Lancia Delta 4×4 dont l'ultime avatar (non commercialisé) gagnait tous les championnats du monde en cette fin de décennie. Dans l'antre du Quai, on agrandissait l'alésage des cylindres, on renforçait les pompes à injection et l'embrayage, et surtout, on implantait une petite molette sur le tableau de bord qui permettait de surcompresser le turbo. À la sortie, une véritable fusée sur quatre roues motrices, qui parvenait à accélérer plus vite qu'une moto au feu vert... Son nom même, « Lancia Intégrale », faisait fantasmer les adolescents que nous étions. Et voilà qu'à 23 ans, je regarde mon compte en banque, je regarde le prix de l'engin, et sans trop réfléchir, je passe du fantasme à l'évidence : j'achète, pour l'équivalent d'un an de salaire, une Lancia Delta Intégrale, préparée, avec son turbo qu'on peut enclencher sans vergogne au risque de tout fusiller en 50 000 kilomètres. La tenue de route était hors du commun. Cette voiture dansait d'un virage à l'autre, elle générait des émotions physiques – la vitesse, les trajectoires parfaites, l'accélération dans les virages l'été, la glisse l'hiver... Nous nous sommes offert quelques montées inoubliables au col de Porte, au col de la Croix-de-Fer ou à l'Alpe d'Huez, par toutes les saisons sur les routes désertées. La voiture dévorait les lignes droites entre les virages, bondissait de l'un à l'autre. Calés dans les sièges baquets, nous encaissions les G et les moments de pure adrénaline. Conduire cette voiture était un plaisir proche de celui du ski entre les piquets. Mieux encore, car la voiture avale la montée, gagne contre la pesanteur, au lieu de jouer avec elle. Une forme de toute-puissance qui fait travailler les hormones. Elle mangeait la route, littéralement – sans parler des rares véhicules qui passaient par là. Au sommet, on coupait le moteur. Silence. Encore de multiples cliquetis sous le capot avec la dissipation de la chaleur. Ça sentait un mélange d'huile et de plaquettes de frein. Mes mains tremblaient légèrement sur le volant. Personne n'en menait très large, en particulier les copains derrière. À part Do, qui lorsqu'il était assis à côté de moi, exultait, lui que la maladie avait privé de sa moto. Embarqués ensemble dans ces ascensions, bouclés par la ceinture de sécurité comme par un baudrier d'escalade, nous prolongions la complicité entre nous. Mais à quel prix ? À quels prix ? J'étais conscient d'être sur une limite compliquée, et assez loin des étoiles.

Quand Clémence, notre aînée, est arrivée, la poussette ne rentrait pas dans le coffre. Quand je l'ai reposée sur le trottoir, Magali m'a sommé de choisir sur-le-champ : la voiture ou la famille. Le choix n'était pas difficile. Un petit rappel salutaire à la cohérence. On a décidé de faire réviser la Lancia pour la vendre… et elle a été volée devant le garage ! On a acheté une Fiat Tipo d'occasion pour loger notre petite équipée.

J'étais décidé à tourner la page.

Par la suite, je n'ai plus jamais eu à acheter de voiture. Mes employeurs m'ont toujours fourni un véhicule de fonction et, très vite, un chauffeur pour gagner du temps de travail dans mes déplacements, à Paris essentiellement. Compte tenu de mes fonctions de dirigeant, c'étaient des voitures puissantes et pendant encore quelques années, j'ai ainsi profité de ce qu'elles offraient de confort et de vitesse. Mais où allait s'arrêter cette course vers le toujours plus, chaque fois que j'étais promu à un poste plus important, à chaque sortie d'un nouveau modèle haut de gamme ? Alors j'ai décidé que désormais, chaque nouvelle voiture serait plus petite que la précédente. J'avais un peu moins de 40 ans. Je m'y suis toujours tenu. Un peu plus de dix ans plus tard, devenu patron, j'avais une Clio de fonction. Je l'avais choisie bleue EDF-GDF, je ne voulais pas une voiture noire ou grise, je me suis toujours méfié des symboles statutaires. Tout le monde chez Danone trouvait que c'était une mauvaise idée, car elle était trop repérable, mais personne ne me l'a dit ou je n'ai pas écouté – les pièges du pouvoir. Il a fallu quelques incidents de réseaux sociaux dus à la popularité de cette voiture pour que j'entende raison. Nous avons alors choisi une Zoé gris nacré, la voiture la plus petite et la plus sympa du marché.

Je dis « nous », car pendant quinze ans, Marc m'a accompagné pour me conduire dans Paris. Je me mettais à côté de lui pour travailler et passer mes coups de téléphone. Il a aussi eu à subir le scooter, qu'il conduisait pendant que, derrière lui, je tapotais sur mon BlackBerry. Nous n'y sommes jamais entrés en scooter, mais quand il se garait dans la cour de l'Élysée en Clio ou en Zoé, au milieu des berlines noires des patrons du CAC 40 ou des ministres, ses collègues se moquaient de lui, mais au moins, je n'avais pas de mal à retrouver la voiture à la sortie... Beaucoup de complicité et d'affection se sont nouées entre nous au fil du temps. Le soir de mon départ de Danone, je lui ai lancé par réflexe « À demain, Marc », et j'ai réalisé qu'en fait, non, je ne le verrais pas le lendemain. Ça m'a fait tout drôle. À lui aussi, sans doute car il a démarré dans son métier avec moi, et il a presque connu les sièges bébés à l'arrière de la voiture.

*

Les enfants ont grandi dans une immense maison à Ville-d'Avray. Une famille nous avait transmis cet endroit extraordinaire à un quart d'heure du périphérique, avec un hectare de jardin donnant sur la forêt. Je dis « transmis », car nous n'avions pas les moyens de l'acquérir au prix auquel un promoteur l'aurait payé, et les propriétaires ont beaucoup insisté pour que nous fassions une proposition (nous n'avions pas besoin d'une si grande maison) qu'ils ont acceptée. Ils nous avaient choisis. En y entrant, quelques mois plus tard, nous avons commencé par vivre trois mois avec eux, car l'appartement dans lequel ils allaient emménager n'était pas terminé. Ce moment de vie partagée a été une période bien particulière, et a sans doute aidé nos enfants à se sentir chez eux dans cette immense bâtisse. Nous leur avons proposé que leur grande famille puisse venir en profiter pour des fêtes, tant nous nous sentions plus dépositaires de cet endroit que propriétaires. Nous sommes devenus amis. Beaucoup de gens sont passés à la maison, mon frère, ses copains, nos familles proches, nos amis, les amis de nos amis et tant d'autres. C'est une maison qui accueille. Il y a eu de grandes fêtes, une cabane dans un chêne, de la musique, des scouts venus régulièrement camper dans la partie arrière du jardin donnant sur la forêt. Des lapins, des poules, des renards, des hérissons. Des pics-verts. Des écureuils. Des amis de nos enfants y ont habité pendant leurs études, c'était plein et joyeux.

Puis les trois enfants ont quitté la maison en l'espace de douze mois pour leurs études. La maison est devenue beaucoup trop grande pour Magali, les deux chats et moi. Nous sommes devenus locataires à Paris, et avons finalement placé la maison dans une structure d'intérêt général. Elle est ainsi occupée par une association qui accueille des gens de la rue. Gérée par l'association, la maison est habitée en permanence par une famille de jeunes, avec leurs enfants, en charge d'organiser l'accueil et le séjour des uns et des autres. Pendant le confinement, ils y ont vécu à une quinzaine, ils faisaient des barbecues dans le jardin et nous envoyaient des photos bien joyeuses. Les rires d'enfants, les poules sont là, les œufs dans le poulailler. La vie continue d'y couler et d'y grandir. Récemment encore, à l'occasion de la fête organisée pour le départ de la famille d'accueil, après trois années de service, et l'arrivée de la suivante, nous avons été conviés à un de ces banquets improbables dont ils ont le secret, où les mondes se côtoient, se parlent, apprennent à se connaître et à se reconnaître. Les histoires de vie de chacun, la rue, la route, l'exclusion, les retrouvailles dans les colocs, les talents insoupçonnés des uns et des autres, la joie d'être ensemble. Je leur suis tellement reconnaissant de permettre à ce lieu qui nous a accueillis et que nous avons aimé, de continuer à faire ce qu'il sait si bien faire.

*

L'appartement dans le chalet de Saint-Véran est aujourd'hui mon seul « bien immobilier ». J'ai même du mal à utiliser ces termes pour décrire un lieu qui s'appartient à lui-même. Construit en 1936 à partir des poutres et des ruines de trois fermes de la vallée, le chalet est planté dans un alpage dont les vraies maîtresses sont les chèvres qui y caracolent au sortir de la ferme voisine, s'abritent sous la terrasse en mélèze des chaleurs de midi à l'heure de la « chôme », ou y grimpent au contraire, pour y trouver un quignon de pain ou un sac-poubelle savoureux. Les marmottes se chauffent sur les rochers alentour, les skieurs passent parfois dans cette pente presque « raide » – un bon 40-45 degrés–, pour redescendre au village. Je ne compte pas les millions d'insectes qui habitent ces hautes herbes et les font chanter l'été ni les loirs qui courent sous les combles, et les grillons qui se chauffent au feu l'hiver. C'est aussi leur « bien immobilier ». Nous sommes nombreux à occuper cet endroit. Et d'ailleurs, on le prête tout le temps, car nous n'y sommes presque jamais. Quand je viens, trop rarement, à Saint-Véran, je passe plutôt saluer mon ami Mathieu, le maire, mes amis aux Gabelous ou François, l'ancien gardien du refuge de la Blanche. Posséder ce bout de chalet avait du sens quand il accueillait dix gamins qui venaient y faire du ski. Aujourd'hui, il sert surtout à d'autres. Tant mieux. Se posera sans doute la question de la vocation à lui trouver, ajustée à cette période de vie. Je veux rester léger, libre. L'interdépendance, plutôt que l'indépendance. C'est de cela que j'ai peur de manquer.

Je me sens mieux dans le « nous », le collectif.

D'ailleurs, si on veut que cette planète continue à être vivable, et à y vivre ensemble, le modèle que l'on a construit, dans lequel chacun est réputé légitime à accumuler à l'infini, ne fonctionne pas.

Repenser notre rapport aux besoins et en particulier à l'argent est urgent : aujourd'hui, 1 % de la population mondiale détient plus que la moitié de l'humanité, et la moitié de l'humanité ne détient que 1 % des richesses mondiales. La pandémie a aggravé ces inégalités, en a révélé d'autres et le dérèglement climatique va les accentuer encore. Ces inégalités sont « criantes ». Au sens littéral du terme. Elles crient. Dans les manifestations contre le réchauffement climatique, aux frontières des migrations, sur les réseaux sociaux, dans les incivilités. Elles attisent les haines récupérées par des politiciens sans vergogne. Et elles érodent nos démocraties, et nos économies. En France, la grande enquête publiée par l'INSEE en 2021 montre que les inégalités de niveaux de vie ont fortement baissé entre 1970 et 2008, grâce à l'augmentation de celui des plus modestes. Mais depuis, elles progressent, en partie contenues par la redistribution. Les inégalités ce sont des normes sociales. Ce qui est acceptable un jour ne l'est plus un autre. Et ces consensus évoluent vite pour une génération qui remet beaucoup de normes en cause. Pour continuer à vivre ensemble, c'est maintenant qu'il faut agir. Agir, ça veut dire tout le monde. Donc ça commence par moi : je ne vais pas attendre dix ou vingt ans pour me poser la question de léguer à une association une maison ou l'argent amassé qui nous paraît être au-delà de nos besoins. On n'a plus le temps, on ne peut pas se permettre d'attendre même dix ans, c'est maintenant que ça se joue. Ce sentiment d'urgence, je le connais depuis longtemps – depuis l'Algérie quand j'avais 14 ans. Il est toujours là quand je pars à la rencontre du microcrédit en Asie, de la jungle de Calais et des personnes à la rue en France. Les migrations, Black Lives Matter, MeToo, l'insécurité climatique… les inégalités d'aujourd'hui ravivent ce sentiment qu'il faut faire vite. Et il suffit d'avoir l'envie de les voir pour les voir.

Mes prises de position sur la rétribution des dirigeants de très grandes entreprises ont fait couler beaucoup d'encre mais je crois la maîtrise de notre rapport à l'argent fondamentale pour cette transition collective. Ces rémunérations sont déconnectées des enjeux sociaux de l'économie, qui sont une priorité.

Rien de nouveau. En 2011 déjà, je décrivais dans *Chemins de traverse* comment l'armée des lobbyistes de Wall Street avait réussi, malgré la catastrophe évitée de justesse en 2008, à démonter pièce par pièce l'arsenal créé aux États-Unis depuis les années 1930 pour réguler le capitalisme. Je concluais : « L'âpreté au gain continue à faire tourner la finance. Là plus qu'ailleurs, l'argent rend fous ceux qui le servent. Et la finance leur a conféré un pouvoir aujourd'hui dangereux pour le reste du monde. » En dix ans, rien ou presque n'a changé dans ce domaine, sinon en pire avec cette crise du Covid.

En 2020, les directeurs généraux des entreprises du S&P 500 (l'équivalent mondial du CAC 40), ont gagné chacun 300 fois plus que le salaire moyen dans leur entreprise (pour reprendre le chiffre de l'enquête annuelle du syndicat AFL-CIO). Pendant cette année de récession marquée par une vague de licenciements sans précédent, les rémunérations de ces mêmes dirigeants ont augmenté de 5 %. Et c'est pareil en France. Aujourd'hui, je le redis : cette concentration exponentielle mine l'indispensable consensus social sur la répartition des richesses. C'est une bombe à retardement planétaire.

Salaires, indemnités de départ variées, « retraites chapeaux », tout y est passé, et tous ces mécanismes ont fait la part belle à la croissance aussi forte que possible du cours des actions. Ces montagnes d'argent sont expliquées par ce que nous, dirigeants, et nos conseils d'administration appelons la loi du marché. Et c'est vrai, elle existe. Il y a un marché pour les CEO (*chief executive officer*, l'équivalent de directeur général) des grandes entreprises et c'est un marché mondial. Mais ce qui est légal n'est pas forcément juste ou ajusté. Et peut même être dangereux. Car aujourd'hui, contrairement à ce qui s'est passé pendant la seconde moitié du XXe siècle dans les pays de l'OCDE, l'ascenseur social est en panne. Seule une élite, qui perd sa crédibilité, profite de l'accroissement des richesses. Poursuivre sur le même modèle, c'est aller dans le mur.

Que faire ? C'est très compliqué, car les inégalités salariales naissent dès la sortie des grandes écoles et universités mondiales, puis elles se creusent en proportion du nombre d'étages de la pyramide que gravissent les managers dans les très grandes entreprises. Quand on arrive à la fonction de CEO, et qu'il y a dix ou quinze échelons en dessous, le grand écart est arithmétique. Je ne crois pas au contrôle des prix, à leur plafonnement, ni à celui des salaires des patrons par l'État. Ils seront en revanche de plus en plus régulés par les actionnaires, car la finance est elle-même sous pression, compte tenu de son déficit abyssal de crédibilité face aux urgences des transitions climatiques et sociales. Et comme je le partage dans une émission de radio au retour de la COP26 à Glasgow, les entreprises et la finance ne bougent pas assez vite, pas assez loin, mais elles bougent. Et la finance bouge vraiment, pour la première fois. Nous n'avons pas le droit de rater cette occasion. Elle est unique.

Entre-temps, sur les rémunérations des dirigeants, on travaille à du toilettage, aussi indolore que possible. Depuis dix ans en France, comme dans un nombre croissant de pays, la loi impose la transparence sur la rémunération des dirigeants des grandes entreprises cotées. Les cabinets de conseil font des enquêtes et publient la moyenne des rémunérations des patrons du CAC 40. Et elle augmente de 3 à 5 % tous les ans. Pourquoi ? Parce que personne ne se lève pour dire qu'il est content de son salaire. Certains se lèvent pour dire qu'ils gagnent moins que la moyenne. C'est mécanique : si un patron n'est pas plus mauvais que la moyenne (sinon il faudrait qu'on le vire), on répare cette injustice et il est augmenté. L'argument du comité de gouvernance du conseil d'administration est imparable : « On ne voudrait pas le perdre. » Du coup, ça fait augmenter la moyenne, et l'année suivante, tous les autres sont augmentés. Je l'ai prédit quand j'ai été auditionné dans le cadre de la préparation de cette loi, et je n'étais pas le seul : la transparence a peut-être supprimé quelques excès (ce n'est même pas sûr), mais elle a eu un effet inflationniste inarrêtable et très confortable pour tout le monde. En fait, pas tout le monde : j'ai passé sept ans à la tête de Danone à me battre pour que mon salaire n'augmente pas d'un centime.

Parce que dans le contexte actuel, avec les enjeux que l'économie doit gérer, je ne peux déjà pas justifier que la loi du marché m'attribue une rémunération annuelle de 4 millions d'euros dont j'ai hérité (et il aurait été de très mauvais goût de refuser cet héritage), mais dont je n'ai pas besoin pour vivre et sans lequel j'aurais été prêt à accomplir les missions qu'on me proposait. Du coup, rien n'est simple. Nous bouclons une très grosse acquisition et le conseil souhaite m'augmenter (comme cela se fait ailleurs). Je pose benoîtement la question de savoir si on réduira ma rémunération si d'aventure nous étions amenés à céder un de nos business. Silence autour de la table. Ma rémunération ne sera pas augmentée. En 2017, je deviens président à la demande du conseil. Mon prédécesseur, encore président non exécutif, touchait un salaire annuel de 2 millions d'euros dans cette fonction. J'ai dû argumenter pour expliquer comment je pourrais reprendre cette charge, qui consiste à présider les cinq réunions du conseil par an, sans aucun changement à ma rémunération, et sans charge de travail conséquente, car c'est moi qui préparais déjà avec mes équipes l'essentiel de la substance de ces réunions. Pénible. Ce jour-là, j'ai eu gain de cause. Puis au début de l'année 2019, j'ai demandé à renoncer à mon contrat de travail, car il stipulait que j'avais droit à une « retraite chapeau ». Les systèmes de retraites chapeaux sont un héritage des années 1980, qui permettent aux anciens PDG et à quelques très hauts dirigeants du régime de toucher des retraites de plusieurs centaines de milliers d'euros annuels (parfois nettement plus). Ah oui, quand j'ai rejoint Danone à 33 ans pour prendre la direction financière, mon contrat contenait cette clause, en « *small print* », comme on dit. Je n'avais pas regardé de près. La retraite, c'était bien loin. Mais vingt ans plus tard, et avec le salaire que je touche en tant que patron (les versements annuels de ces retraites sont basés sur les derniers salaires), le sujet devient réel, et il n'est pas question pour moi de toucher ces montants. Les retraites chapeaux faisant un peu tache, les conseils d'administration sont d'ailleurs en train de les remplacer par d'autres dispositifs – d'autant qu'elles sont fiscalement moins attractives, et indemnisent systématiquement le patron qui consent à y renoncer. Chez Danone, d'autres en bénéficient et il n'est donc pas question de remettre le système en question. Par ailleurs, je ne veux aucune indemnisation. Pour cela, je n'ai pas d'autre solution que de renoncer moi-même à mon contrat de travail, et donc, par conséquent, à toutes ses clauses, y compris les indemnités de départ « contraint », dans le cas où le conseil souhaiterait mon départ. Je suis ici pour servir une mission, et pas pour bénéficier d'avantages d'un autre âge. C'est donc ce que je décide, et ce dont prend acte le conseil. C'est aussi l'occasion d'échanges avec d'autres dirigeants. Car je connais beaucoup de patrons qui ont une réflexion personnelle sur ces questions. Certains ont même pris les devants pour modifier ces réglages, d'une façon qui leur est apparue compatible avec l'agenda et la culture de leur entreprise. Ce sont de petits pas. Et je ne crois pas qu'il y ait de système. Nous faisons système, en l'occurrence par la gouvernance actuelle des conseils, comme l'ont montré les excès que nous avons tolérés en matière de rémunération chez Danone par le passé et les difficultés que nous avons eues à accompagner ma réflexion à l'envers des mécanismes établis. Car comment bouger soi-même sans embarrasser les membres de la collectivité patronale compte tenu de l'entre-soi, avec des représentations croisées directes ou indirectes dans la plupart des conseils d'administration ? Les réactions épidermiques sur le sujet ont bien montré cette difficulté qui gêne la liberté de mouvement, d'ajustement de chacun. Et pourtant, distinguer ce qui est nécessaire et ce qui est superflu est un discernement vital pour l'hygiène de chacune et chacun, de son rapport au pouvoir qui lui a été confié, et donc ultimement pour la salubrité de l'économie et de ce qu'elle sert.

En montagne, c'est une question de survie, il faut prendre le nécessaire, mais rien de plus. Certes, ce n'est pas facile de décider ce qui l'est ou pas. De quel aléa météo tient-on compte ? Et si on met plus de temps que prévu ? Quelle sécurité si l'un de nous se blesse dans la paroi ? Faut-il prévoir pour le copain ou chacun pour soi ? Quelle longueur de corde ? Combien de rations, combien d'eau ? Rien ne rentre dans le sac sans avoir été passé au filtre de cette évaluation. Elle est nécessaire pour l'économie de la cordée, pour l'économie des gestes, de la progression, pour l'écologie de l'aventure. Difficile de grimper trop chargé et encore plus frustrant de rentrer le sac encore à moitié plein. L'aventure admet une part acceptée, consentie, recherchée de risque, pour cet équilibre. Chacune, chacun a son réglage, mais il doit se faire en cordée. Il en va de même dans ma vie, et bien entendu en ce qui concerne l'argent. Ne pas mettre dans le sac tout ce qui est sur la table. Mes décisions n'ont pas plu à tout le monde. Mais on n'a qu'une seule vie. Ces excédents sont issus d'un système aux excès duquel je ne veux pas participer. J'estime que ce n'est pas à moi d'en disposer, pas à un dirigeant du XXIe siècle ayant la responsabilité de conduire une transition climatique et sociale qu'il faut amorcer et accompagner quoi qu'il en coûte. Cet excédent appartient à la collectivité. Toute appropriation est une expropriation. Un minimum de recul permet de s'en souvenir. C'est un fait depuis au moins l'apparition de l'agriculture il y a dix mille ans, lorsque les terrains de chasse communautaires sont devenus des champs clôturés par ceux qui les mettaient en valeur à leur bénéfice. C'est inévitable dans nos économies, soit. Mais c'est la tragédie des « communs ». De la démocratie, « *on a pu dire qu'elle était la pire forme de gouvernement à l'exception de toutes celles qui ont été essayées au fil du temps* », déclarait Churchill à la chambre des représentants alors qu'il reprochait au gouvernement de ne pas consulter assez ni l'opposition ni « le peuple ». Il en est de même pour l'économie de marché. Elle est le pire des systèmes à l'exception de tous ceux qui ont été essayés. Nous ne savons pas faire sans la propriété privée et la liberté des échanges. J'en suis convaincu. Mais livrée à elle-même, cette économie est dévastatrice. Si elle ne consulte pas ses contre-pouvoirs, si elle ne revient pas puiser à la source de ce qui fait sa légitimité, elle nous perd. Cette légitimité c'est « *oikonomia* » : la gestion de notre demeure commune. Elle doit être inscrite dans une finalité plus large. Nous sommes tous responsables de ce que nous avons en commun, que notre économie compte, pour l'instant, comme quantité négligeable. C'est cela, la tragédie des communs. Il ne peut pas y avoir d'économie de marché et de propriété privée si elles ne sont pas conditionnées à la régénération des « communs » par ceux qui s'en sont approprié l'usage. Recycler les excès monétaires y contribue.

J'estime que cet argent, tout comme une bonne part de ma rémunération, devrait appartenir à l'entreprise, à ses « communs », à son écosystème, pas à moi. Issu d'un système où tout ce qui est sur la table est bon à prendre, cet excédent appartient en réalité aux salariés pour leurs rémunérations ; aux éleveurs avec qui on travaille parce qu'on pourrait leur payer le prix du lait un peu plus cher et investir plus vite dans l'agriculture régénératrice pour arrêter la dégradation des sols ; il appartient à nos consommateurs parce qu'on pourrait, à prix égal, améliorer la qualité nutritionnelle du produit ou accélérer la transition vers des emballages sortant du plastique, ce qui coûte de l'argent ; il appartient même à nos actionnaires sous forme de dividendes, si on veut ! Mais il ne m'appartient pas à moi. Et pour que cette répartition soit conforme aux projets de l'entreprise, je veux faire confiance à la gouvernance de l'entreprise, d'où l'importance de sa « raison d'être » et du statut d'« entreprise à mission ».

Les retraites chapeaux sont provisionnées dans les comptes de l'entreprise, chaque année. Celle qui me concernait se montait à environ 20 millions d'euros. Le jour où j'y ai renoncé, le profit de l'entreprise en a été augmenté d'autant. Et nous avons pu, entre autres, financer sans coût pour les parties prenantes de l'entreprise le programme mondial d'accès à l'actionnariat des 100 000 salariés de Danone : une personne, une voix, une action. Cet excédent qui dormait et gonflait dans une ligne comptable en attendant une retraite dorée pour les vieux jours de la personne la mieux payée de toute l'entreprise a trouvé immédiatement une utilité sociale et économique, car nous avons créé de l'engagement chez nos salariés. Nous avons désamorcé, à toute petite échelle, la bombe planétaire des inégalités de patrimoine.

En fait, depuis longtemps, après une discussion en famille, nous avions créé une petite structure, un « fonds de dotation » qui nous a permis de redistribuer à des missions d'intérêt général mes excédents de rémunération, pour des montants, qui au fil du temps, ont correspondu à l'essentiel de mes revenus depuis dix ans chez Danone. Nous rencontrons des gens qui font des choses tellement utiles, avec une telle efficacité que leur confier de l'argent, c'est lui redonner une place juste. Et ces projets sont parfois dans l'écosystème même de l'entreprise et ses « communs » : une partie de ma rémunération a ainsi servi à financer des schémas d'innovation sociale de Danone. Erreur de destinataire, retour à l'expéditeur. Cela m'a paru le plus juste retour des choses, pour le remettre dans le système de l'économie à laquelle je crois pour demain : danone.communities, le fonds de *social business* d'accès à l'alimentation et à l'eau, le fonds Danone pour l'écosystème pour la consolidation des acteurs microéconomiques qui dépendent de l'entreprise, l'Action Tank et la chaire HEC « Entreprise et pauvreté », Livelihoods Ventures, un fonds pour l'agriculture familiale et l'agriculture régénératrice né dans l'orbite de Danone... Remettre cet argent là où il aurait dû être, car inventer les modèles économiques de demain, c'est ma priorité.

Au-delà de mon cas personnel, cette question de l'allocation des excédents de ressources est d'ailleurs ce qui me passionne dans la finance. Il est tentant aujourd'hui de la considérer comme l'ennemi. Mais il n'est en rien. Peut-être pourrait-on désigner certains financiers comme « ennemis publics », oui. Car l'âpreté au gain, quand elle rend aveugle à la fois aux fins et aux moyens, mène à une situation d'inégalités qui mine le champ démocratique. Mais en soi, la finance est un bien commun de l'humanité. Les marchés financiers globaux sont un moyen incroyablement puissant de circulation des excédents de ressources et de leur réallocation dans des projets de l'économie réelle. De même que l'accès équitable au vaccin contre le Covid est un enjeu double d'équité et d'efficacité, l'accès équitable au capital l'est aussi, pour ces mêmes raisons d'efficacité. Encore faut-il que la finance soit guidée, orientée et outillée pour cela. Ce n'est pas impossible et c'est même urgent. Car ultimement la finance, plus que tout le reste, repose sur la notion de confiance. Pas de monnaie sans confiance. C'est l'une des plus grandes interdépendances, l'un des premiers biens communs que nous devons reconnaître, avec ceux du lien social et du vivant. Pas de confiance sans équité. C'est pourquoi j'ai dit et écrit : « Il n'y aura plus d'économie de marché, si le but de la mondialisation n'est pas, désormais, la justice sociale. »

Il n'y a pas de système. L'engagement des dirigeantes et dirigeants d'entreprise qui m'ont accompagné dans des coalitions et des initiatives autour de ces questions en témoigne et force l'admiration car ils agissent sous contrainte forte. Quarante patronnes et patrons de très grandes entreprises en France se mobilisent instantanément pendant la crise des gilets jaunes en décembre 2018 pour consolider le socle de l'emploi des jeunes, par l'apprentissage et l'alternance, avec des engagements sur deux ans. À elles seules, les entreprises regroupées dans ce collectif représentent 60 000 sites et implantations en France, et malgré la crise économique du Covid, notre collectif aura maintenu son engagement initial. Cinquante des plus grandes entreprises industrielles, de service, mais aussi financières, mondiales rejoignent une initiative pour la croissance inclusive que nous créons au G7 avec l'OCDE en réunissant autour de la table les syndicats mondiaux, des fondations, des ONG dans le domaine des droits humains ; elles s'engagent à verser à tous leurs salariés, et à terme aux personnes qui travaillent dans leurs chaînes d'approvisionnement, un « *living wage* », un salaire avec lequel on puisse vivre. La même année, le conseil d'administration du Consumer Goods Forum, qui regroupe 400 des plus grandes entreprises de biens de consommation et de grande distribution dans le monde vote un soutien quasi unanime à l'initiative « New Plastic Economy » d'Ellen McArthur pour entrer dans l'économie circulaire des plastiques. Vingt-cinq entreprises parmi les plus grandes mondiales du secteur de l'agroalimentaire, de la cosmétique, du textile, qui tirent leurs ressources de celles du sol, créent une coalition pour remettre le vivant au cœur de l'agriculture, à commencer par la santé des sols et la rediversification des variétés cultivées. Et plusieurs d'entre elles, parmi les leaders mondiaux du secteur, ont décidé à la suite de Danone de financer la transition de la totalité de leur amont vers l'agriculture régénératrice. L'Europe sera d'ailleurs le premier territoire concerné. Oui, les choses bougent. Pas assez vite, pas assez loin, mais elles bougent. Grâce à des dirigeantes et dirigeants qui perçoivent, à la faveur de l'émergence d'une conscience personnelle, la complexité des enjeux de résilience de leur entreprise, la nécessité d'une pensée écosystémique, d'une action collective. Les institutions ne se changent pas elles-mêmes ; ce sont les personnes qui les transforment.

*

Un jour, l'injustice m'a révolté ; c'est un moteur intime puissant. Je vis avec ce souvenir fondateur, qui a déterminé nombre de mes engagements : je joue dans un bac à sable du jardin de la résidence à Grenoble. Je pousse des petites voitures sur des pistes imaginaires avec un garçon de mon âge. Je ne comprends pas quelle bêtise il fait, mais voilà qu'une grosse dame s'approche en criant, le met debout, et le gifle, à côté de moi. Je me dresse, lui tire la jupe, et avec tout le sérieux de mes 3 ans je lui dis : « Les grands ne tapent pas les petits. »

Je ne sais pas de quel abysse inconscient est montée cette parole. Cette force est toujours là. Elle me met en marche sans même que j'aie à le décider. Et ça m'a joué des tours ! Je me suis longtemps mis dans la posture d'aider des gens qui ne me demandaient rien, et j'ai réalisé plus d'une fois que je m'étais complètement fourvoyé.

Je me suis parfois retiré *in extremis* de situations de dépendance inextricables. Dans ma vie, j'essaie d'apprendre. Il y a longtemps, j'en suis sorti en me disant : plus jamais ça. Je sais désormais que quand je suis dans une relation où j'aide, conscient ou pas conscient, je m'aide moi-même, personne d'autre. Je fais ça pour moi. Ne dites pas merci. Merci à vous de m'aider moi-même. C'est ce que j'ai vécu quand j'ai fait du volontariat dans le centre d'accueil des mourants de Mère Teresa à Nirmal Hriday ou dans le service de soins palliatifs d'un hôpital parisien chaque semaine pendant deux ans. Je me suis parfois aperçu que je n'étais plus là pour la personne en face de moi, mais pour la relation que cela me procurait, et qu'il n'y en avait au fond que pour moi. La relation d'aide est complexe, en particulier quand elle ne peut pas être réciproque. Dans les systèmes vernaculaires du don et du contre-don si bien analysés par Marcel Mauss, on sait qu'il faut doser : que le contre-don doit être proportionnel pour ne pas gêner celui à qui il s'adresse, pour qu'il soit capable d'y répondre à son tour. Il faut veiller à la relation, à son équilibre. Accepter de rester dans l'interdépendance. Si je déborde de « charité à l'égard du prochain » qui ne m'a rien demandé, j'oublie cela, je vais dans le mur et je l'y entraîne. Aimer, c'est laisser partir.

Est-on vraiment conscient du piège dans lequel l'excès d'argent nous enferme ? Quand j'étais banquier d'affaires, j'ai vu des familles s'écharper sur des transmissions d'entreprises. J'ai vu en Champagne des enfants (qui avaient le double de mon âge) aller réveiller leur père de 90 ans au milieu de sa sieste et lui tenir la main au moment de signer le contrat que nous venions de finaliser après trois mois de négociations, le dépossédant de l'entreprise qu'il avait créée. J'ai vu des gens se déchirer pour des dizaines ou des centaines de millions de francs…

Nous avons décidé de ne pas exposer nos enfants à cette tragédie. Ils ont du talent et la chance d'avoir bien démarré dans leur vie, j'espère qu'on sera là longtemps avec eux, mais il n'est pas question de leur faire subir la tentation régressive de l'héritage, qui crée une mainmise sur les générations à venir. L'aide excessive ou mal ajustée peut créer des dettes intergénérationnelles sans contre-don possible. Il faut qu'ils soient libres ! L'héritage, c'est la plus grande inégalité sociale. Est-ce tentant ? Bien sûr. Je dois dire que je les trouve incroyables tous les trois d'avoir accepté de renoncer à ces tentations, lorsque nous avons discuté de ma renonciation à plus de 25 millions d'euros de retraite et d'indemnités, lorsque bien avant cela, nous avons mis l'essentiel de notre patrimoine immobilier et de ses plus-values futures, et la grande majorité de nos revenus dans ce fonds de dotation. Cet argent ne leur reviendra pas. Où est la limite ? Je me pose régulièrement la question, pour nos enfants, pour nous, pour moi.

J'ai la chance rare d'avoir goûté les plaisirs simples de la montagne avant d'être confronté aux tentations de mon âge, mais aussi d'avoir découvert avec Dominique l'envers de notre monde « normal ». Au contact de la fragilité, de l'altérité, d'une autre forme de réalité, d'une vie consolidée par des allocations sociales, j'ai pu faire un pas de côté, poser un regard orthogonal sur mon métier de banquier d'affaires, sur ce que j'y vivais, sur ce que je voyais de la finance et de l'économie. À 26 ans, j'ai publié chez Hachette un long texte de réflexion, *Main basse sur la Cité*. Il m'a permis de délimiter les compromis et les compromissions. De Kant à Lévinas. De relever le regard vers le ciel étoilé, et de le replonger dans la loi morale, au fond de moi. Et d'y puiser, sereinement, l'inspiration des actes qui construisent la voie que j'ouvre, dans ma vie, tous les jours, mes *Chemins de traverse*, partagés chez Albin Michel il y a dix ans. Quand on a le privilège d'avoir goûté à cette liberté, on ne la lâche pas !

*

Ce soir, le ciel s'est dégagé, les mélèzes vont roussir aux premières gelées. J'ai garé la Caddy pas trop loin du refuge de la Blanche. Après le brouhaha du dîner dans la salle commune et les dernières discussions, je vais dormir dans le vallon du Clausis, plus près des étoiles. Je ne suis ni ascète, ni fakir, ni ermite. Mais même à Paris, il m'arrive de prendre mon micro-matelas de bivouac et mon duvet pour aller dormir dehors. Le ciel ouvert m'attire. La nuit m'attire. Mon sac de couchage me suit un peu partout. Quand je pars en voyage, si j'ai un tout petit peu de place dans ma valise, je l'y glisse. Quand j'étouffe dans les couettes ouatées des grands hôtels, c'est mon cocon portable. Ziiip, le bruit de la fermeture à glissière, ça y est, je ferme les yeux, je suis dans mon sac. Je pourrais être en montagne, dans le désert, ailleurs, pas entre quatre murs dans un hôtel à Moscou ou je ne sais où. Aucune privation dans ce choix, au contraire, et il me permet de garder le lien avec ce qui m'est précieux : la nuit, le grand air, la nature. Le ciel étoilé au-dessus de moi.

Je ne peux pas prôner une économie moins extractive, moins prédatrice, plus régénératrice et ne pas trouver goût à vivre cela moi-même, tous les jours. C'est la recherche de cette cohérence qui m'en donne la force intérieure, et sans doute en partie le crédit dans l'action collective que je mène avec d'autres. Au refuge de Furfande, près du poêle à bois où nous nous séchons, nous abordons ce sujet avec Charlie. Je lui dis : « La première étape, c'est la prise de conscience. Je l'ai vu dans tout ce que j'ai fait. Ma conscience d'acteur dans le dérèglement climatique est née pendant un vol entre Paris et Los Angeles. » Je raconte à Charlie qu'une amie, Bénédicte Faivre-Tavignot, qui a été la pionnière de l'engagement d'HEC sur tous ces sujets, et n'a cessé de me harceler sur ces questions depuis quinze ans, me dit un jour : « Tiens, tu devrais lire ça », en me tendant un papier de dix pages. Je le prends avec moi pour le lire en vol. C'est le discours de Ray Anderson devant de jeunes diplômés américains. Ray est le fondateur et PDG d'Interface, l'un des plus grands fabricants de moquettes aux USA. Il a décidé que son entreprise devait parvenir à un bilan carbone neutre, et ils ont réussi ! Je suis sidéré. Je lève les yeux vers le hublot. En dessous s'étend à perte de vue l'immensité froide du Groenland, des glaciers dont le louvoiement vient cracher des amas de banquises sur le noir profond de l'eau. Et tout là-bas, à l'horizon arrondi de la Terre, une ligne bleu clair sépare ce blanc du bleu profond du ciel à cette altitude.

Les yeux pleins de cette lumière, je reviens vers ce papier. Si un fabricant de moquettes dérivées entièrement du pétrole peut devenir neutre en émissions, pourquoi ne pouvons-nous pas le faire, nous, une entreprise alimentaire ? S'ils le font, ne devons-nous pas le faire ? Si je ne me mets pas en route pour cela, qui le fera ? Il me faudra encore quatre ans avant de persuader mes collègues, mes patrons que nous devons y aller, que c'est possible, que c'est nécessaire. Bien avant Greta, j'en appelle aux enfants des dirigeants de Danone pour nous parler de notre impact sur la planète. Nous tournons avec une dizaine d'entre eux, qui ont entre 5 et 15 ans, un film d'interviews, que nous partageons en séance plénière avec 200 dirigeants de l'entreprise. Le choc.

Pendant ce vol, et grâce à d'autres, j'avais pris conscience de certaines choses et je suis encore inconscient de milliers d'autres qu'il faudrait que je sache pour ne pas trop me tromper dans ce que je peux pousser. Il n'y a pas de leçons à donner, mais il faut proposer, inviter, sans relâche, innover pour montrer que ça marche, prendre des risques pour cela. D'autres sont amenés par leur parcours de vie à regarder les choses sous un autre angle. Nous n'avons pas tous les mêmes peurs, la même liberté. On est tous en chemin, et jamais arrivés. C'est un chemin de conscience. On se laisse toucher à un moment parce qu'on est disponible pour cela, ouvert. Je n'ai pas cherché ce qui s'est passé quand j'avais 10 ans devant cet orage au refuge des Bans. Et puis à l'âge adulte, ce que j'avais reçu là m'a mis en chemin, disponible pour des rencontres qui m'ont littéralement « dérouté ». J'ai pris des chemins de traverse pour explorer d'autres réalités, avec eux, d'autres possibles. J'ai vu combien sur ces questions climatiques, d'inégalités, on peut inventer du nouveau, avancer, combien nous avons enfermé nos économies dans des schémas réducteurs… La lueur du poêle à bois décline, la salle du refuge est devenue sombre. Je conclus, avant d'aller nous coucher : « Ces prises de conscience collectives, p…, ça va être long. »

Oui, le champ de l'action, c'est ce champ de la prise de conscience. Il touche des personnes en situation de responsabilité, donc de pouvoir, il vient les toucher dans leur propre leadership. On n'est pas un leader. « Être », je trouve que c'est une usurpation. Mais il y a des moments où, au sein du pouvoir, se glisse le leadership. On détient le pouvoir, mais on ne détient pas le leadership. Le leadership, c'est une capacité à être suffisamment connecté pour générer l'action collective, par l'éveil de conscience à conscience. Il s'enracine dans la cohérence et il la nourrit. D'autres que moi, en situation de pouvoir dans les grandes entreprises, ont exercé leur leadership pour ouvrir la voie, trouver le passage vers de nouveaux modèles d'économie. Et ils y sont parvenus, parfois avant de tomber, parce que le vieux monde ne veut pas que ces voies s'ouvrent, et qu'il coupe la corde d'assurage. Mais la voie est là, elle est évidente. Elle terrorise ceux qui ont trop à perdre – de gloire, de pouvoir, d'argent – à ce qu'elle débouche, et pourtant chaque nouvelle longueur ouverte facilite la tâche de celles et ceux qui s'y engagent. Je suis bluffé par le niveau de conscience des jeunes qui sont en situation de management. Or nous avons tous, nous pionniers, à notre tour, suivi les indications, les traces, les bouts d'un itinéraire ouvert par d'autres avant nous. Notre rôle à nous, c'est d'autoriser les pionniers de demain à remettre en cause nos convictions, nos pratiques, la façon dont nous dirigeons nos entreprises. Notre rôle, c'est de poursuivre l'ouverture, en changeant de corde quand elle a été coupée. En repartant, avec d'autres, par là ou par ailleurs. Nous avons dix ans devant nous, qui engagent l'avenir, tous ensemble.

6

D'AUTRES VIVANTS QUE MOI

Un soir, à Assise, je décide d'aller passer une nuit à la belle étoile au sommet du mont Subasio, qui domine la ville à l'est. Ce n'est pas à proprement parler un sommet, plutôt une vaste calotte d'herbe rase, dénudée, vide, d'où la vue porte sur tout l'horizon. La nuit d'août, promesse d'étoiles filantes, descend sur mon petit bivouac. J'ai posé mon duvet à même le sol et glissé quelques vivres dans le sac à dos qui me sert d'oreiller. Me voici une fois de plus sous le ciel étoilé.

La nuit s'anime, le vivant s'éveille. Autour de moi, j'entends des froissements. Serpents, lézards, insectes ? On pourrait me passer dessus sans gêne... De loin en loin, une cavalcade et des hennissements rompent le silence. La montagne abrite des hordes de chevaux à demi sauvages. La lune se lève et vient poser sur le décor son étrange lumière monochrome. Brusquement, je sens quelque chose qui m'attrape le pied et tire mon sac de couchage. Je sors de mon demi-sommeil. Un renard. Il a refermé sa mâchoire sur mon gros orteil dans le sac de couchage. Je crie, je tire, je tape, rien n'y fait, le renard ne lâche pas mon pied. Je l'éblouis avec ma frontale, je m'agite, il finit par lâcher prise. Il s'éloigne de quelques mètres et s'assied. Il attend.

Je me recouche, sur mes gardes, frontale à la main. Soudain, je sens qu'on tire mon sac de sous ma tête. Le renard est revenu à la charge. J'empoigne le sac : dedans, il y a tout, mon passeport, la gourde, le téléphone, mon petit déjeuner… Me voilà de nouveau à la lutte avec l'animal qui a senti la nourriture dans le sac. Un nouveau flash de frontale l'éblouit, il lâche prise, s'éloigne un peu. De guerre lasse, il finit par disparaître.

La nuit se passe. Je me suis placé face à l'est pour voir le soleil se lever sur l'Ombrie. Aux premières lueurs de l'aube, j'entends un bruit dans l'herbe. Le renard est revenu. Il a sans doute fini son tour de nuit, je dois être sur l'un de ses passages. Il me voit et vient tourner autour de moi. Je me dresse, assis dans mon sac de couchage. Le soleil est en train de se lever. L'animal s'assied à côté de moi, presque à portée de mon bras. Il me regarde, regarde à droite à gauche, hume un peu l'air, regarde le soleil… Nous regardons le soleil se lever ensemble, il se gratouille une puce, me regarde une dernière fois, puis il s'éloigne en trottinant.

La scène a duré trois ou quatre minutes, pas plus. Je reste saisi, fasciné par ce moment de présence non intermédiée avec une autre forme de vie que la nôtre, une conscience, un vivant. Ce qui vient de se passer est un privilège.

*

J'ai toujours ce même sac de couchage. La cicatrice, je l'ai rapiécée. Elle est un rappel de cette rencontre incroyable. Dersou Ouzala dit « il y a beaucoup de gens dans cette forêt » en parlant des animaux, des arbres. Elle vient de loin, du plus profond de la nature et de l'humanité, cette conscience de la réalité de présences vivantes différentes des nôtres.

Nous ne sommes que l'une des formes du vivant. Pas moins, mais pas plus que cela.

J'ai découvert par la suite comment le philosophe Baptiste Morizot explorait brillamment cette question qui me passionne, dans plusieurs livres dont *Manières d'être vivant*, sorti en 2019 chez Actes Sud. Le vivant : « *Ce concept permet par la force de la langue elle-même, de ne plus opposer humain et nature puisque par définition nous en sommes, des "vivants".* »

Baptiste Morizot interroge les modes de pastoralisme d'Europe occidentale, où l'on a contraint depuis des millénaires les espèces à évoluer par sélection vers des modes de soumission à l'efficacité, non par ce qu'il appelle la « diplomatie interespèces », mais par une forme de suprématie, de pouvoir, qui nous coupe de la relation avec une espèce devenue simple objet. Tout cela est inconscient et n'enlève évidemment rien à la soumission inverse des éleveurs à leurs bêtes, l'abnégation de cette vocation sans relâche, l'amour de ce métier, le soin et l'attention portée aux bêtes. Mais il s'agit d'une observation systémique. En contrepoint, Morizot analyse des modes d'élevages moins appropriants. Les mustangs des Indiens d'Amérique, les chameaux d'Asie centrale ou les rennes de Laponie sont élevés en semi-liberté. Dans ces cultures, la préservation des fonctionnements sociaux des animaux à l'état sauvage est un enjeu d'équilibre. Non pas seulement parce que c'est un souci éthique de l'animal en tant que source de vie pour nous – ce lien au sacré de l'alimentation intégrant l'animal dans ce sacré. Mais aussi parce que dans le respect du fonctionnement de ces hardes, il y a une forme d'efficacité. Si les animaux s'autosuffisent dans leur élevage, le coût est beaucoup plus limité pour les humains que dans le pastoralisme ou dans l'élevage de nos contrées. C'est une relation où l'on prélève de la laine, de la peau ou de la viande, mais où l'on n'est pas en propriété du troupeau. Le troupeau a sa propre existence. Il y a un prélèvement, mais il est modéré, autorégulé pour que les comportements sociaux des animaux leur permettent de vivre sans les humains, sans notre protection. Morizot utilise un mot surprenant pour décrire cette relation entre humains et animaux : de la « diplomatie ».

Cette diplomatie concerne aussi nos modes d'interaction avec des espèces non domestiquées. J'en ai pris conscience de façon étonnante à l'occasion d'un voyage à Madagascar où j'allais voir sur le terrain un projet d'agriculture régénératrice avec des communautés de paysans qui cultivent la vanille. Nous avons été accueillis sur l'île de Sainte-Marie par un zoologue qui se fait appeler Fanfan, fondateur de l'association Cétamada, qui surveille le trafic des baleines et des dauphins dans le chenal et qui m'a raconté une histoire. Il avait lutté pour l'interdiction des chaluts qui raclent les fonds et détruisent les chaînes alimentaires. Lorsqu'il a eu gain de cause, il s'attendait à voir croître le trafic et la taille des individus. Mais au bout de deux ou trois ans, c'est l'inverse qu'il a observé : des dauphins plutôt plus petits, un peu moins nombreux. En plongeant pour identifier la cause de ce phénomène, les membres de l'association ont découvert que les filets constituaient en fait des réserves d'alimentation pour les dauphins. Les dauphins s'étaient adaptés. Les mères avaient appris à leurs petits à venir y pêcher et cessé de transmettre les méthodes de chasse traditionnelles. Quand les filets ont disparu, le « supermarché » a fermé, les dauphins ont souffert de dénutrition. Certes, on retrouvait moins de dauphins pris dans les mailles, mais le surplus de nourriture qui avait aidé l'espèce à se développer à peu de frais caloriques avait disparu.

Penser notre relation aux vivants animaux nous oblige à sortir de nos catégories mentales. Dans *Manières d'être vivant,* Morisot propose de réintégrer l'humain cartésien à l'intérieur du vivant. Dans notre relation au vivant, écrit-il, chaque espèce doit trouver sa part. Il nourrit sa réflexion d'un travail de terrain avec la « brigade du loup » chargée de protéger les troupeaux tout en enrichissant les connaissances sur le prédateur. Il décrit ce schéma mental de quatre protagonistes : le berger qui sait, qui pense-donc-qui-est, qui a la charge de cet écosystème et donc de la protection de son troupeau ; le troupeau, constitué de brebis stupides, grégaires, qui ne savent pas se défendre seules ; les chiens patous qui sont les sauveurs prêts à donner leur vie pour la défense de leur troupeau ; et les loups qui sont les méchants prédateurs de cette histoire. Morizot déconstruit cette histoire en décrivant des scènes nocturnes hallucinantes observées grâce aux caméras infrarouges – toujours la magie de la nuit. En dehors du moment où se déclenche l'attaque, on voit des loups couchés tranquillement au milieu du troupeau paisible, des jeunes chiens jouant avec des jeunes loups, des louves se faisant draguer par des chiens patous et des loups faisant la cour à des chiennes. Diplomatie entre les espèces ! Nous avons construit le rôle de chacune des espèces dans notre narratif anthropocentré : dans notre système d'élevage, les brebis ont besoin d'être défendues aussi parce qu'on les a choisies aussi dociles que possible pour qu'elles soient plus manipulables, etc. Quant au loup...

Certaines nuits, tout s'arrête et on passe à l'attaque. En un instant, tout le monde se met dans sa posture prédéterminée : celle que l'on se raconte quand on ne constate que les dégâts de l'attaque, les brebis égorgées, les chiens blessés, les clôtures mises à mal. Et l'écœurement bien compréhensible des bergers.

*

Il fait encore nuit noire. Je devrais dire nuit blanche car la neige tombe dru dans le faisceau de la frontale. Je remonte seul le vallon de Clausis vers le refuge de la Blanche. La couche de poudreuse absorbe tous les sons, le grand silence ouaté n'est troublé que par le clac, clac caractéristique de ma chaussure se posant à chaque pas sur la talonnette du ski. Le chemin au-dessus de Saint-Véran suit le lit du torrent figé en amas de neige, à la lisière des forêts de l'ubac. Je m'arrête pour boire un peu de thé près du torrent, dans un bois clairsemé de mélèzes. Soudain, en levant le regard, je tombe sur deux yeux phosphorescents fixés sur moi. L'animal me regarde, forcément, sinon ses yeux ne refléteraient pas la lumière de ma frontale. Autour des deux yeux, je distingue une masse sombre, comme un très, très gros chien. Le loup. Il doit être à une vingtaine de mètres. Les flocons de neige éclairés par ma frontale s'interposent entre lui et moi, m'empêchant de le voir nettement. Dans un fin brouillard, je ne vois qu'une forme indistincte, mouchetée par les flocons, et deux yeux comme des braises. Je suis à l'arrêt, j'ai posé mon sac et mes bâtons, thermos à la main. Je me sens en situation de vulnérabilité. Il me fixe, immobile. Je me fige, incapable de le quitter du regard.

Rien de ce que j'ai lu, de ce que j'ai appris sur le comportement des loups de celles et ceux qui les fréquentent ne parvient à mon cerveau pour imaginer la « diplomatie » de cette rencontre. C'est la peur ancestrale qui monte. Elle prend le contrôle. Je décide que la seule chose à faire est de me remettre en mouvement pour reprendre l'initiative. Je finis mon gobelet de thé, range ma thermos dans le sac à dos. Quand je relève les yeux, le loup n'est plus là. Je cherche à droite et à gauche à retrouver le contact avec ses yeux, je ne le trouve plus.

Il est reparti dans sa nuit, dans la forêt. J'ai repris mon chemin, frissonnant. Clac, clac.

Je n'étais pas serein. Pas terrorisé, mais sur le qui-vive. Plusieurs fois, dans les minutes qui suivent, je me retourne et balaie la forêt du faisceau de ma frontale pour savoir s'il me suit. Je venais de vivre une rencontre dont je rêvais avec un animal mythique, ce loup qui traverse sans fin les conversations avec les éleveurs... Quelques années auparavant, dans les premiers frimas de novembre, « il » était descendu bien en dessous du village, à mi-pente de la vallée de l'Aigue blanche, à moins de 1 500 mètres d'altitude, et avait égorgé six brebis dans un parc, le long de la route. Sa présence était bien réelle dans ces forêts. Il faisait nuit noire. Immobile, je m'étais senti nu. Une proie ? Je n'avais objectivement rien à craindre, mais la programmation instinctive de mon évolution humaine avait pris le dessus.

C'est la seule fois de ma vie d'adulte où je me suis trouvé dans une relation de crainte à l'égard d'un animal. Enfants, nous nous faisions courser par des vaches, par des chiens de ferme qui faisaient mine de mordre les pneus de nos vélos, j'ai découvert quelques vipères sous des pierres. J'ai eu mon comptant d'aventures et d'émotions d'un gamin l'été à la campagne. Mais le loup... Ce pauvre animal était chargé de tout ce que la race humaine a construit dans son imaginaire. J'ai aimé lire des biologistes, Hélène Grimaud et me laisser porter par l'émotion des photos de Vincent Munier – ah, cette vidéo tournée dans l'Arctique canadien où il s'allonge en chuchotant pour laisser approcher ces loups blancs tellement beaux, qui arrivent de nulle part. Pourquoi est-ce malgré tout une forme de peur qui a pris le dessus dans ce moment ? J'étais dans l'excitation de cette rencontre. On était *mano a mano*. On aurait pu être dans une diplomatie d'évaluation, curieux l'un comme l'autre de ce qui pouvait se passer entre nous. Une rencontre ? Mais il restait ce mot au fond de moi, et tout ce qu'il charriait. C'était le loup.

On me dit que j'avais plus de raisons de craindre le renard qui a osé me mordre un orteil. La rage ? Je n'y ai pas pensé un instant. J'étais familier des renards qui avaient volé des affaires jusque dans l'auvent de nos tentes. Ce que je n'ai pas su faire avec le loup, j'aime le vivre avec les vivants, petits et grands. J'aime chez le renard cette audace, cette ténacité, cette ruse. Les contes disent plutôt la vérité. J'adore les chèvres, mes animaux fétiches. Elles ont elles aussi cette curiosité décomplexée, cette capacité à engager le contact en restant pleinement elles-mêmes, conscientes de ce qu'elles sont. Se laissant approcher, toucher – quoi de plus joyeux que de fermer la main sur le museau soyeux d'une chèvre ? Elles savent prendre le risque de ce contact, car dans la main il y a peut-être un morceau à croquer ou un peu de sel à lécher. Elles prennent le risque du contact, car elles sont sûres d'elles. L'ego bien placé. Une chèvre a cette liberté, cette indépendance, cette intelligence (au sens animal du terme) de nous traiter comme des vivants, ni plus ni moins. D'homme à homme. Face au renard, face à une chèvre ou à un chat, je suis un vivant, nous sommes des vivants, tous héritiers d'une même histoire extraordinaire. Face au loup, j'ai cru reconnaître un vivant plus grand que moi. Et j'ai fui. Lâchement ? Qu'il est difficile, ce vivre ensemble. Nos corps vivants sont constitués d'eau à 80 % et cette eau est venue des étoiles. Cela nous relie tous par quelque chose de très lointain, très ancien... Nous portons des traces vivantes de l'univers en nous, que nous transmettons. Et que le loup nous mange ou pas ne change rien à cela. Demain, nous serons de nouveau la matière organique de la terre. Ces fragments d'étoiles seront passés par la vie en nous et ce qu'il en reste pour toujours est essentiel, mais n'est pas visible à nos yeux à nous.

*

Et puis plus loin, à la rencontre de la vie dans son histoire, pour mieux prendre conscience de ce que nous sommes, de ce que je suis. Comme ce *deep time walk* qui me fera sentir toutes proches les formes de vie encore plus primaires que les animaux que nous croisons. Le vivant empoigne nos existences, les bactéries nous colonisent comme elles colonisent le vivant depuis des centaines de millions d'années. Nous sommes traversés par cela, faits de cela. Il faut sortir du précepte occidental :

« Je pense donc je suis. » Non, pas du tout ! Biologiquement, notre pensée n'est faite que de physique et de chimie, nos décisions sont dictées par les hormones, les bactéries, et influencées par la température qu'il fait et les cycles de la Lune. Partons de cela pour y déceler la magie même de la vie, ne pas la contourner pour penser la pensée, pour penser le divin, comme s'il était au-dessus de tout cela. Pas au-dessus, mais au cœur, au-dedans, en deçà. Dans la matière même, dans l'essence de la matière même, dans la fulgurante existence du boson de Higgs. Le divin de Teilhard de Chardin.

Nous nous sommes privés du vivant, nous nous en sommes coupés en en faisant un objet, une ressource et non un semblable, tantôt allié, tantôt adversaire. Mais ce n'est pas irréversible. Lui donner vie dans nos modes de pensée, dans nos modes de vie, dans notre économie, c'est urgent, indispensable.

*

Il y a quelques années, nous descendions de la pointe de Bussière avec mes amis de l'association 82-4000. Nous venions d'encadrer l'ascension qui clôture le stage, et sous le col, nous nous sommes mis à discuter avec les stagiaires près d'un troupeau de moutons sous la garde d'un berger debout avec son bâton. Je me suis assis. C'est ma façon d'adopter un endroit. Par un geste où l'on cesse d'être de passage, d'une certaine façon la reconnaissance que cet endroit est un endroit de vie, pas juste un endroit de passage. Et puis c'est un poste d'observation du monde totalement différent. J'adore être assis par terre, je fais ça souvent dans des villes que je ne connais pas. Je m'assieds, sur un trottoir, une marche d'escalier, et je regarde les gens qui passent. Et ceux qui sont là. Au bout de quelques minutes, plus personne ne prête attention à quelqu'un qui est assis, la vie reprend ou suit son cours comme s'il n'existait pas. Cela donne accès à d'autres rencontres. Assis, on cesse d'être une menace, un étranger. On est disponible.

Je me suis assis dans les herbes jaunes, et quelques minutes plus tard, un patou a quitté le troupeau, s'est approché lentement et est venu s'asseoir juste à côté de moi. C'était une vieille chienne. Une proximité interespèce qui venait une fois de plus, sans dialogue, casser les codes dans lesquels nous classons le vivant. Quelqu'un a pris une photo de moi à côté du chien. C'est celle que j'ai choisie quand j'ai ouvert mon nouveau compte Instagram après mon départ de Danone, pour ma jachère : « Emmanuel Faber. CEO – *climate and social business activist – rock climber*. »

7

La Fleur de lotus

Cette chandelle de 700 mètres qui surgit d'un seul jet noir de la moraine est fascinante. Fleur de lotus, le joyau du cirque des Parois impossibles, est souvent noyée dans les nuages, sous la pluie ou la neige. Perdue, loin de tout, au milieu des forêts du Grand Nord canadien, dans le massif du mont Logan. Le refuge le plus proche s'appelle Inconnu Lodge... Frison-Roche avait exploré cette région en remontant la rivière Nahanni. Aujourd'hui, on peut atteindre le camp de base en avion puis en hélicoptère depuis White Horse, dans le Yukon.

C'est grâce à cette Fleur que j'ai fait la connaissance d'Arnaud Petit. J'étais tombé en arrêt devant cette photo du livre *Parois de légende* qu'il a écrit avec sa compagne Stéphanie Bodet, reprenant quelques-unes des plus belles aventures verticales qu'ils ont vécues autour du monde, à la hauteur de leur talent et de leur recherche du beau. Cette Fleur, j'ai eu envie de l'avoir en face de moi, dans mon bureau, pour qu'elle passe de rêve au statut d'objectif d'un jour, à force de la visualiser, de la côtoyer jusqu'à la rendre accessible. J'ai écrit à Arnaud en lui demandant s'il serait possible de la faire agrandir. Il m'a répondu très vite et m'a tendu la main. Mon nom ne lui était pas inconnu, il appréciait mes prises de position et mes engagements. De cet échange est née une amitié avec Arnaud et Stéphanie. Elle a fréquenté les mêmes bancs du lycée Nord de Gap que moi – bien plus tard –, lui est tombé amoureux de la falaise de Céüse, qu'on pouvait apercevoir, au sud, par les fenêtres du lycée. Ils ont été tous les deux champions du monde d'escalade, puis ils ont pris les chemins de traverse pour partir à la découverte des plus belles parois de la planète. Stéphanie raconte aussi leur ascension de Fleur de lotus dans son livre, *À la verticale de soi*. Elle est comme un papillon sur une falaise, Arnaud grimpe comme un chat, mais son esprit n'est jamais au repos, il a fait des études de physique et tout est analysé. Quand on se retrouve pour grimper à Buoux ou dans les Calanques, même en mode « entre copains », il ne peut pas s'empêcher de donner des conseils en permanence, de corriger, d'améliorer, de réfléchir – « Tu peux aussi faire comme ça, moi j'aime bien. » Stéphanie a beau lui dire « grimpe tranquille », c'est plus fort que lui – et c'est top !

*

Tout grimpeur, face à la beauté d'une paroi où se devine un passage possible, a un jour ou l'autre levé les yeux et exploré du regard une voie qui pourrait s'y glisser, et a peut-être même échangé avec le compagnon du jour des propos inconséquents sur cette éventualité. Juste pour lui donner une forme de vie. Je ne suis pas une exception. À vrai dire, l'idée m'est venue plus d'une fois. Difficile de résister à l'envie d'explorer, de créer un itinéraire que d'autres pourront parcourir à leur tour, de laisser une marque dans le granit. Poser des cailloux de petit Poucet pour créer un chemin dans la verticale. Il n'y a rien, personne n'est jamais passé, le rocher est vierge de toute présence humaine et il y aura peut-être bientôt une trace de pas, un sentier balisé. Cette verticale où l'homme ne va pas, il y aura une route humaine pour la traverser de part en part, jusqu'au sommet.

Si bien qu'un jour, alors qu'Arnaud discutait de projets d'ouvertures en cours, je lui fais part de mon envie. J'aimerais ouvrir une voie. Un projet que j'imagine collectif. Aller poser nos mains sur un rocher que personne n'a jamais touché. Au gré de nos rencontres et des conversations entre copains, je remets le sujet sur la table... J'ai vraiment envie de vivre ça. Autant dire que lorsqu'Arnaud m'invite sur un projet qu'il a repéré dans les aiguilles de Bavella, je réponds présent en deux secondes ! Trois autres compagnons seront de la partie à tour de rôle : Manoel Couprie, Laurent Auguste et Jean-Claude Razel, dans ce petit massif granitique au sud-est de la Corse où Arnaud a ouvert, souvent avec son frère François, des voies aujourd'hui fameuses comme *Octogenèse* ou *Delicatessen*. Notre voie sera juste à côté, à gauche de *Jeef*.

Dans l'ouverture d'une voie, il y a l'idée de créer et de nommer quelque chose de nouveau, de lui donner vie, mais ce n'est pas une simple création personnelle. L'ouvreur a une responsabilité : les spits et les relais qui matérialisent la voie doivent être posés de manière à procurer plaisir et sécurité à ceux qui parcourront l'itinéraire. Arnaud ajoute une contrainte à laquelle il s'est toujours plié : nous équipons « du bas », à mesure que nous grimpons (et non en descendant en rappel dans la future voie, comme cela se fait le plus souvent sur les sites d'escalade sportive). C'est ce qui garantit que l'itinéraire et l'emplacement des spits seront les plus fluides, dans le « *flow* » des mouvements, pour les suivants. À dire vrai, il n'était pas question pour moi non plus de vivre l'aventure autrement qu'en partant du bas.

Nous y travaillerons deux jours bien pleins, de 7 heures à 21 heures, pour boucler la voie, en passant avant l'orage. L'itinéraire se redresse jusqu'à un surplomb défendant l'accès aux dernières longueurs du classique *Dos de l'éléphant*. Arnaud me laisse m'aventurer en tête sur les dalles. Je m'engage sur ce granit vierge, la perceuse accrochée au baudrier. J'exulte intérieurement. Chaque pas me projette dans du nouveau, dans le pari de trouver la suite, les mouvements logiques, les enchaînements. Tous les trois ou quatre mètres, je trouve une position assez confortable pour forer un trou où je logerai un spit. Soleil d'automne et légère brise dans le T-shirt. Conditions idéales. La première longueur est un régal. L'escalade sur ces magnifiques dalles ocre ne dépasse pour l'instant pas le 6b, j'y suis encore assez à l'aise pour réfléchir au tracé le plus logique, me projeter dans les prochains passages tout en ayant en tête la position des spits déjà posés et le tracé de la corde quand elle serpentera dans tous les points de protection. Plus le dessin sera linéaire, moins il y aura de tirage sur la corde. Et quand on se retourne sur les passages qu'on vient d'équiper, c'est beau de voir la corde dessiner une ligne propre, une hyperbole, plutôt qu'un vilain zigzag. Ces courbes participent à l'esthétique du moment. Dans la position d'ouvreur, je suis sur une ligne ténue, à la fois héritier des choix que je viens de faire en posant les points et face à un avenir incertain, tâtonnant à la recherche de bribes d'itinéraire qui collent rarement à ce que j'ai imaginé. Ajuster ce « déjà passé » et ce « futur proche » me plonge dans un présent si intense que j'en oublie presque l'angle du rocher qui se redresse. Je retrouve, encore décuplé, le plaisir de cette danse du temps, cet espace gestuel, moi projeté dans les trois secondes qui viennent, ce jeu avec la gravité, mes équilibres, mon schéma corporel. Cette fois, il y a une inconnue de plus : où m'arrêter pour forer et poser un point de protection ? Sur cette dalle lisse, il n'y a pas d'endroit évident. J'aimerais avoir trois points d'appui pour offrir un geste logique aux répétiteurs qui devront clipper leur mousqueton, forer ni trop haut ni trop bas. Quelques coups au marteau pour vérifier au son que le rocher est assez compact et nettoyer. Dégainer la perceuse dont la longe de sécurité est mousquetonnée sur le baudrier. Percer.

Tamponner au marteau la tige filetée métallique dans un son clair, poser la plaquette d'acier, la réajuster pour qu'elle s'oriente proprement par rapport à l'axe de chute, serrer l'écrou. Une dégaine, la corde dedans et c'est reparti. Des gestes d'artisan, une expérience de fabrication, de création. Ça déroule. On grimpe. Arnaud ouvre à son tour la longueur suivante, nettement plus dure.

Quelques longueurs plus haut, la dalle devient vraiment raide. Je me rapproche de ma limite technique. Première alerte. Mon pied gauche zippe au moment où je pousse sur la perceuse le bras en l'air. Tomber alors qu'elle est plantée par la mèche dans le rocher n'est prévu nulle part dans le manuel de l'ouvreur. Pour le moins hasardeux, car la longe est fixée sur le baudrier. J'arrive *in extremis* à me retenir en m'agrippant à la poignée de la perceuse, dont je sais que la mèche est engagée presque jusqu'au bout. Je fais le pari. Gagné. Je retrouve instantanément mon appui de pied. J'extrais délicatement la perceuse de son trou, elle sort. J'essaie, vaguement inquiet (a-t-on des mèches de rechange ?). Vouzz. Elle tourne toujours droit. Avertissement sans frais. Je place le spit. Dégaine, corde, c'est reparti. Je n'ai pas la présence d'esprit de regarder Arnaud à ce moment-là, qui m'assure en dessous, mais je sens que ça ne lui va pas du tout ce qui vient de se passer. « Fais gaffe, Manu, quand même ! »

Quelques mètres au-dessus, il faut forer dans un équilibre encore plus précaire, le bras droit très haut, sans aucune prise franche pour assurer ma position. En gainage au maximum avec peu d'appuis, je fatigue. Je sens que je ne vais pas tenir les appuis très longtemps. La mèche s'enfonce à une lenteur désespérante. Je compte les secondes. C'est long, trop long. Je ne tiens plus. Un tiers à peine de la mèche enfoncé. À ce rythme c'est très mal parti. Je change de tactique. Pour accélérer le forage, je pousse sur la perceuse... un peu trop et le bras de levier me fait basculer en arrière. Je n'ai aucun appui pour contrer ça. Et cette fois-ci, la mèche n'est enfoncée qu'à moitié tout au plus. Là, ça ne va pas le faire, je ne vais pas pouvoir me retenir. C'est la chute... J'ai le réflexe d'accélérer la perceuse à fond pour la sortir en catastrophe. Alors que je suis déjà parti dans la chute, je l'arrache de son trou et je pars dans un bon vol en arrière. La perceuse décrit un arc de cercle au bout de mon bras, dans le hurlement du moteur emballé. *Vouuuuzzzz...*

Pendant la chute, je l'ai tenue éloignée pour éviter de me blesser. Je ne l'ai pas lâchée. Ça a tapé un peu fort sur les pieds et un genou à l'atterrissage, mais rien de grave. Aucun dégât. Deuxième avertissement.

Je regarde Arnaud.

– Eh ben ! Ça va ?

– Oui. Ça a l'air bon. *Sorry*. J'ai le pied qui a glissé. Ça gravillonne sous les chaussons. Et toi ?

– Ouais... (pause). Ça a l'air bien raide, dis donc. Tu veux t'arrêter là et je continue ?

– Ben... (pause) en fait, j'irais bien voir plus haut, encore.

– (pause) D'ac.

Sympa, Arnaud, sur ce coup. On sait tous les deux le dialogue qui s'est joué silencieusement pendant les (pauses) de notre échange. C'est reparti.

Je remonte au dernier spit, le dépasse et rejoins le trou non terminé, en utilisant une astuce d'autoassurage de ma conception. Une fois la mèche assez engagée, je clippe mon mousqueton dessus. Elle tourne dedans en le faisant un peu vibrer. Tant que le rocher n'est pas vertical, et que l'on fore en biais, c'est une méthode qui doit être efficace, car le mousqueton reste bien posé sur le caillou et ne risque pas de tordre la mèche en cas de tension – mais rigoureux comme il l'est, Arnaud ne me laissera sûrement pas dire qu'il l'a validée comme manœuvre d'ultime recours. Il faudra que je me mette aux crochets la prochaine fois.

Je progresse de plus en plus lentement. J'ai déjà consommé toute la marge de manœuvre entre le niveau nécessaire à l'ouverture et mon niveau maximum. Et ça se complique encore. Au milieu de la longueur, que j'évalue autour de 6c, je renonce. Ce sera tout pour aujourd'hui. Je suis d'ailleurs vidé par la concentration. Arnaud y va à son tour, avale en une minute les cinq ou six points que j'ai placés, et termine la longueur en plaçant encore cinq points et en cotant le tout 7b ! En le rejoignant au relais, je réalise qu'il était temps que je m'arrête : la fin est en traversée ascendante, abominablement lisse. Visiblement, lui a trouvé les appuis de pieds. Puis il attaque une magnifique traversée en 7a qui emprunte une belle écaille dans le toit. La sortie du toit est en revanche bigrement plus compliquée. Verdict : 8a. À ce niveau, je vaux à peine mieux que le sac de hissage. Une pause. Nous rejoignons les dernières longueurs équipées très espacées dans la section facile du *Dos de l'éléphant*. Des points tous les six ou sept mètres, un beau voyage sur des petits bombés de granit pour atteindre le sommet. La voie est magnifique. Elle s'appelle *La danse de Ganesh*. En redescendant, je sers de porte-matériel : Arnaud est à l'œuvre pour modifier l'emplacement d'un relais, réaligner un point. Plus nous enchaînons les rappels vers le bas, plus nous sommes chargés, récupérant les chaussures, les sacs de hissage, les cordes fixes laissées en dessous au fur et à mesure de l'ouverture des jours précédents. Je suis exténué et heureux. Cette dalle est un extraordinaire souvenir. Et puis un jour, je reçois un SMS sympa ; de retour dans son jardin corse, Arnaud m'écrit : « Hier, j'ai grimpé la longueur que tu avais équipée. Carrément impressionné par l'engagement entre les points et la qualité de la pose des spits, je n'aurais pas fait mieux. Super longueur en plus ! » Bon. J'ai réussi l'exam, malgré deux figures libres hors programme. Ni une ni deux, ma réaction est immédiate : « Quand est-ce qu'on va à Taghia ? » Je rêve déjà de la prochaine ouverture au Maroc.

*

J'ai vécu un beau moment d'apprentissage, et j'imagine qu'Arnaud, de son côté, en me le proposant, avait lui aussi l'envie de transmettre, d'essayer quelque chose de nouveau. Ce n'est pas si souvent qu'on a l'occasion d'ouvrir des voies avec des clients quand on est guide. Je crois que nous avons partagé un moment où chacun était dans son espace d'épanouissement. Merci !

J'ai besoin que l'expérience de la grimpe soit une expérience partagée. J'ai besoin de sentir que la personne qui grimpe avec moi y trouve son compte, même lorsqu'elle est guide, dans une posture professionnelle. J'ai besoin d'une forme de réciprocité, de mutualité. J'aime grimper autant que possible en tête, mais je ne supporterais pas d'être seul avec mon envie. J'aime choisir des lieux qui ont du sens, pour moi et pour la personne avec qui je grimpe, un endroit qu'elle aime, où elle n'est pas revenue depuis longtemps. Je me souviens d'un matin à Buoux avec Stéphanie, j'avais juste envie de me mettre sur des dalles dans des gestes bien posés pour moi. Mais c'était important qu'elle grimpe aussi, qu'elle prenne son temps, qu'on partage, même si c'était du « facile » pour elle. J'ai du mal à envisager l'expérience autrement.

Je grimpe le plus souvent avec des gens qui ont le même niveau que moi. Mais quand je vais en montagne ou en falaise avec des copains qui sont guides, j'aime bien être aussi en tête. C'est double boulot pour eux, d'autant que « j'engage » sans doute plus que la moyenne des grimpeurs, ce qui nécessite beaucoup plus d'attention de leur part. Je comprends que le risque que je prends puisse être délicat pour un guide en situation de responsabilité… Et du coup, j'ai beaucoup de mal à me placer dans un schéma où la responsabilité est intégralement portée par la personne qui sait, qui a l'expérience, et qui est réputée telle parce que c'est un professionnel. Je n'arrive pas à me départir d'une forme de coresponsabilité. Je me mets à la place des gens, qu'ils soient guides ou simples compagnons. Je m'inquiète pour ce que vit l'autre si je suis fatigué ou si lui-même n'est pas bien : gastro, mal de dos, tendinite, etc. Je peux m'inquiéter des conséquences d'une chute moins pour moi-même que pour la personne avec qui je suis encordé. Surtout si l'on est en « terrain d'aventure », si nos protections sont un peu aléatoires ou carrément inexistantes.

Je grimpe régulièrement avec Pascal Giraud, qui est guide à Aiguilles. On se connaît depuis qu'on a 15 ans. Nous habitions tous les deux à Saint-Bonnet-en-Champsaur, prenions le même bus de ramassage scolaire – poules et lapins les jours de marché – et fréquentions le même lycée à Gap. On ne se connaissait pas bien, et puis Pascal a été parmi les premiers que j'ai croisés sur les blocs au-dessus du village à s'essayer à la grimpe. On s'est retrouvé vingt ans plus tard, sur un alpage du Queyras, à l'occasion de la projection d'un film en plein air sous les étoiles, *Himalaya, enfance d'un chef*. Il était arrivé en retard. Quand il est passé devant l'écran, j'ai tout de suite reconnu sa grande silhouette en ombre chinoise. Quelques jours plus tard, nous avons fait notre première arête nord-est des Toillies. Puis, c'est ensemble que nous avons organisé des sessions familiales et amicales de ski de rando qui nous ont vu écumer le Queyras et les massifs des environs en troupeau, toujours plus nombreux. L'année où toute la jeune génération est venue, nous étions plus de soixante-dix, saturant les refuges les uns après les autres. Une année, pour son anniversaire au printemps, nous avions enchaîné dans le coin d'Arvieux ski de rando le matin, gâteau d'anniversaire à midi et voie d'escalade l'après-midi. Le tout au-dessus des prairies de crocus et des mélèzes en fleurs roses. Pascal est la prudence incarnée. Pourtant, je ne peux m'empêcher d'appréhender mes propres erreurs s'il est tard et que je suis fatigué, ou si je me suis blessé comme récemment, et donc pas très sûr de mes appuis, et que nous ne sommes pas encordés, ou seulement assurés aux anneaux dans du terrain facile, mais un peu douteux, humide, exposé. Ou quand « là, faut pas tomber », l'hiver à ski en pente raide. Pascal a cette force de me faire confiance quand je peux douter de moi et des conséquences que cela aurait pour nous deux. Intéressant, ce travail de circulation et de transmission de la confiance dans la cordée.

*

C'est comme ça, je préfère grimper en tête. Mais en fait, mes copains aussi ! Comme on est sympas, on se fait des politesses au départ de la voie. Mais j'ai une particularité qui me donne un petit avantage : ils ont besoin de s'échauffer, moi pas : je chauffe quasi instantanément. Quand il y a du dur au départ, c'est souvent moi qui m'y colle et ça me va bien. Alors ce matin de l'automne 2018 dans le désert de Wadi Rum, quand le 4×4 nous a posés à l'aube au pied d'une paroi verticale de près de 500 mètres, je m'attendais à pouvoir ouvrir les hostilités à la fraîche. Mais Arnaud a répondu que c'était pour lui et j'ai compris à son ton qu'il n'y avait pas à discuter. Bien m'en a pris. Nous l'avons vu partir dans une cheminée facile, passer sur une parallèle. Ensuite, retour sur le mur principal par un grand pas, puis du plus dur, bien physique. Et le premier spit, finalement à plus de 10 mètres du sol, au-dessus du crux de la longueur, un mouvement de dülfer délicat en 6c. Pour partir en tête, Arnaud n'avait pas négocié, et il avait eu raison. J'arrivais tout juste de Shanghai *via* Dubaï, je m'étais posé la veille à Amman. Je sortais d'une session de l'International Business Leaders' Advisory Council (IBLAC), en français le conseil international de la mairie de Shanghai où je siégeais depuis dix ans au côté d'une trentaine de dirigeants de grosses entreprises mondiales pour conseiller la municipalité. Shanghai héberge le siège de Danone en Chine, son deuxième plus gros marché après les États-Unis. Ces réunions du conseil étaient une occasion de rencontres importantes avec le maire de Shanghai et les officiels chinois.

J'arrive donc en Jordanie bien décalqué, et qui plus est fiévreux, après une demi-nuit d'avion. Laurent et moi nous sommes retrouvés dans le vol Dubaï-Amman. Nous nous relayons en tête pour les longueurs suivantes. Le soleil frappe la falaise de grès, j'ai l'impression qu'il fait une chaleur de brute. Arrivé au relais dans une toute petite grotte sous le *headwall*, je trouve un coin d'ombre pour faire une microsieste. La suite de la voie est plus relevée, nettement dans le 7. Un magnifique mur ocre, surplombant de 400 mètres la grande dune et le désert. Les lignes de fuites sont vertigineuses, encore renforcées par les jeux de l'ombre portée d'un immense dièdre à gauche, qui joue avec le soleil. La paroi fait 500 à 600 mètres de large. Nous sommes noyés de soleil dans un océan de grès. Arnaud va enchaîner les longueurs suivantes en tête, Laurent suit et grimpe comme une machine, imperturbable. De mon côté, je ne lâche rien, mais je râle comme un âne sur tous les *moves*, en pinçant les petites réglettes à doigts, les pieds brûlants posés sur des chiures. La voie s'appelle *Guerre sainte/Djihad*. Je comprends pourquoi. Arnaud, tout jeune, et cinq compagnons l'avaient ouverte en cinq jours.

*

Deux ans plus tôt, j'avais découvert de nouvelles sensations, celles de la grimpe « en trad ». À mi-chemin entre l'escalade sportive et l'ouverture de voie. Le principe du trad (on ne dit pas traditionnel, on n'utilise que l'abréviation), c'est de ne laisser aucune trace de son passage sur le rocher. On n'utilise ni pitons (sauf à les enlever ensuite) ni spits, uniquement des protections (coinceurs, friends, etc.) que le premier place, le plus souvent, dans les fissures, et que le second retire après son passage. Quand on grimpe en trad, on peut avoir des informations sur la voie (un topo, une photo, un niveau de difficulté...), mais rien sur le rocher n'indique où se trouve l'itinéraire. On se retrouve un peu dans la situation des ouvreurs. Le seul chemin, c'est l'évidence de l'invitation du rocher, ses lignes de force et ses faiblesses, ses dièdres et ses volumes, la géométrie de ses systèmes de fissures. L'autonomie dans la pose des protections élargit le champ des possibles, en s'affranchissant de l'obligation de suivre la ligne tracée par les ouvreurs de voies sportives qui, comme à Bavella, laissent des spits.

Grimper en trad renouvelle l'expérience de la grimpe. Il faut inventer une façon de se protéger, ne rien laisser derrière soi. Et la pose des protections est évidemment le point clé. Les vidéos de fissures « déboutonnées », quand cames ou coinceurs sautent les uns après les autres en claquant au fur et à mesure de la chute du grimpeur, sont édifiantes. Émotions garanties. J'ai sérieusement grimpé pour la première fois de cette façon à Eldo Canyon près de Boulder, dans le Colorado. C'était en 2016. Le siège de Whitewave, l'entreprise que Danone était en train d'acheter, est à 20 kilomètres de là. Ce n'est sans doute pas un hasard si je me suis mis au trad au cœur de cette Amérique où est montée la vague de l'escalade libre, puis, plus récemment, de cette grimpe « *clean* » ou écolo... La question de l'éthique, du sens de notre passion, agite la communauté des grimpeurs depuis les premiers temps de l'alpinisme. Elle est le fruit d'une dynamique à la fois personnelle et collective, d'une époque, d'un moment...

À Boulder, j'ai contacté un jeune guide local qui m'a initié. Jusque-là, s'il m'était arrivé de placer quelques friends, j'avais toujours suivi des lignes de pitons ou de spits, et « caboté » de relais en relais. Après l'apprentissage de la confection d'un relais sur friends, et de quelques éléments de base sur la pose idéale d'une protection, je suis parti en tête et j'ai découvert le plaisir de partir pour une grande « traversée » verticale, sans escales prédéfinies. La voie, en fissure, se trouvait sur un dôme. Nous l'avions choisie courte, quatre longueurs, car je ne disposais que de la matinée. J'ai trouvé ça grisant.

Lors de mon séjour suivant à Boulder, je me suis lancé de nouveau en tête, toujours à Eldo Canyon. La voie, cette fois, faisait six ou sept longueurs, sans aucun relais pour se repérer. J'étais concentré, mais tout sauf serein, avec ma collection de friends et de cams au baudrier. Sur cette page vierge, j'ai fait bien des erreurs d'écriture. Mon compagnon m'indiquait un point de relais cinq mètres après un petit arbre, je me retrouvais dix mètres plus haut sans avoir rien vu. J'ai compris à quel point cela changeait la nature de l'escalade. Repérer un relais, ça aide. Quand on le voit à dix mètres, on est guidé comme vers une piste d'atterrissage. En trad, on vole aux instruments, jusqu'au bout.

L'impression d'engagement est beaucoup plus forte. Le rythme aussi est différent. On grimpe, on s'arrête, on se protège, on recommence à grimper. Avec ce tempo binaire, on perd au début la fluidité du mouvement. Je ne l'ai retrouvée que petit à petit.

Aux Lofoten, grimper en trad m'a valu des moments de bonheur intense. J'ai aimé retrouver ce lieu sous le soleil de minuit. J'avais passé le cercle polaire une première fois, étudiant, grâce à l'Inlandsbanan, le train qui relie Stockholm au port de Narvik en dix-neuf heures – 1 500 kilomètres de forêts de bouleaux, de toundras qui fleuraient bon la grande nature, à l'invitation des affiches en gare de Kiruna où dansaient un ours et un élan sur la voie ferrée. Avec Magali, juste après notre mariage, nous avions poussé jusqu'aux îles Lofoten et aimé ces paysages qui rappellent ceux des Alpes à 2 500 mètres d'altitude, cette mer qui ressemble à un immense lac de montagne agité par la houle, le granit gris et les arbres perlés de brouillard. Pour un anniversaire symbolique, nous avons loué avec une douzaine de copains deux voiliers qui nous ont servi de refuge jusqu'au pied du Stetind, l'aiguille la plus esthétique de Norvège avec sa face ouest de 1 400 mètres d'aplomb, qui démarre dans l'eau et rejoint d'un seul trait de granit la plateforme sommitale. Le zodiac nous posait au pied de zones de blocs inaccessibles autrement que par la mer. Nos copains guides avaient complété l'encadrement avec Jonathan Crison, un jeune guide, fort grimpeur, venu l'année précédente aux Lofoten avec des jeunes du pôle excellence de la fédération. Pêche à la morue à la traîne, coupe du monde de foot devant l'écran dans les bars des ports, discussions sans fin dans le carré du bateau à Henningsvær et ailleurs. Nous avons grimpé sur des parois qui démarrent au ras de l'eau, avec pour seuls témoins les mouettes au lieu des chocards.

*

Loin derrière ces horizons nordiques, la Fleur de lotus reste dressée. Si haute, si aléatoire. J'ai rassemblé et annoté toutes les photos de la voie que j'ai pu trouver en ligne, sur des sites de grimpe ou des blogs d'expés. Reconstitué et marqué sur les photos les relais des dix-huit longueurs, les passages clés. Les trois cents derniers mètres sont fascinants. Le mur de granit aux lignes fuyantes s'affine pour ne plus être large que de quelques dizaines de mètres au sommet. Il est constellé de protubérances sombres, les « knobs », des petits cailloux enchâssés dans la paroi. Trois grands rails verticaux le rayent sur plusieurs centaines de mètres, des fissures en partie bouchées qui ajoutent à la perspective verticale. Un bivouac est possible au pied de ce mur sommital. Mais le mieux est de viser la sortie d'une seule traite, compte tenu de l'étroitesse des créneaux météo. Au risque de tirer d'interminables rappels sous la pluie verglacée ou la neige, et à la nuit. Fleur de lotus, c'est pour Jo et moi.

Ces deux dernières années, j'ai cru à deux reprises que l'occasion était là. La pandémie en a eu raison. C'est en 2019 que je suis passé le plus près. Cette année-là, les planètes semblaient alignées. Je devais me rendre à Vancouver pour une rencontre du Consumer Goods Forum, l'association mondiale des industries de biens de consommation, dont j'assumais la vice-présidence depuis le sommet de Berlin deux ans auparavant, où j'avais partagé notre vision. Je n'avais pas choisi Vancouver, mais je ne pouvais pas imaginer mieux, à moins de trois heures d'avion de Whitehorse. Seulement voilà, les calendriers avaient bougé, les urgences professionnelles aussi, au point que la dizaine de jours réservée pour notre ascension avait fondu comme neige au soleil. Encore raté cette fois-ci. Restait, à une heure de route de Vancouver, la Mecque de la grimpe au Canada : Squamish. Le paradis des fissures et de la grimpe en trad, au-dessus des séquoias et de l'eau froide et noire du Pacifique. Malgré l'annulation de notre programme, l'ami Jo avait choisi de venir passer la semaine à Squamish pour découvrir le lieu, à la rencontre de grimpeurs du coin.

Mais pour moi, la semaine s'annonçait bien différente : quelque 2 000 personnes étaient réunies, représentant les cinq cents premières multinationales du secteur, et les dirigeants de toutes les marques que l'on trouve dans un supermarché, et de toutes les chaînes de la grande distribution que l'on rencontre dans nos grandes villes du monde entier. À Vancouver, je prenais la coprésidence de l'organisation, et nous allions inventer un système de coalitions sur les grands enjeux de l'alimentation et de l'agriculture qui allait permettre d'accélérer collectivement la transformation. Les quarante-neuf réunions en quatre jours dans mon agenda ne présageaient rien de bon. Le soir, je travaillais avec la Chine, et très tôt le matin avec l'Europe. Avant l'aube, je courais un quart d'heure sous les séquoias et j'allais piquer une tête sur une plage de sable noir. J'ai rarement vécu une semaine aussi dense. Ce fut un de ces moments où le leadership permet de faire avancer les choses. Mais à quel prix !

J'étais crevé. Jo était là, pas loin, à Squamish. Il était clair que Fleur de lotus ne serait pas pour cette fois, mais comment repartir sans être allé mettre les doigts dans les fissures du petit Yosemite de l'Ouest canadien ? Le dernier matin, l'assemblée générale commençait à 8 h 30. Levé à 4 heures du matin, café, une pomme, une barre de céréales. Mon officier de sécurité, un ancien de l'US Army, me conduit à Squamish. Nous discutons de running et de trail en sirotant un truc chaud dans les thermos. Il me raconte comment il a trouvé un jour un ours fouillant dans les poubelles de sa maison, posée au bord d'un lac. Je respire. Je retrouve Jo au tout petit jour sur le parking. Le rack de friends fait son bruit mat et métallique quand on le fourre dans le sac. La corde, flap ! jetée en travers. Peu de mots, à peine deux minutes plus tard, on démarre. Les mots viennent, phrase par phrase, sans hâte, pour atterrir ensemble dans cet espace-temps. Énorme freinage du temps. Je prends des G de décélération à chaque pas que nous posons. Les pieds ralentissent, mais il faut du temps pour que cela monte à la tête. Les odeurs humides de la forêt y travaillent. Arrivé au pied de la voie, je suis dedans. Jo part en tête, je ne pense même pas à argumenter ce matin, tant je ne sais pas où j'en suis. Jolie voie de quatre ou cinq longueurs – je ne sais plus – avec une belle traversée en adhérence, sur la fin, et une belle vue sur la baie de Squamish en contrebas. Petite pause sur le dôme de granit, Jo est attentionné, comme à l'habitude, à l'écoute de ma météo intérieure, et redescente sans traîner dans les mousses et les bruyères. Salut Jo, une accolade, c'est si bon de se revoir, si improbable d'avoir partagé ce moment. Un peu d'émotion. Ciao Squamish, retour à Vancouver, douche à 7 h 45, un café avalé, et en route pour la réunion à 8 h 15. Un moment de vie, la vraie, volé au temps de la mission, mais pour Fleur de lotus, ce sera pour une autre fois. Laquelle ?

Au fil des mois suivants, régulièrement, je m'interroge sur le mode d'accès. Le plus facile est de se faire déposer directement au camp de base en hélico avec les 50 kilos de matériel nécessaires. C'est *a priori* ce qu'on a imaginé. L'alternative raisonnable, c'est l'hydravion qui vous débarque sur un petit lac, à six ou huit heures de marche de la paroi. Stéphanie et Arnaud ont emprunté ce parcours il y a dix ou quinze ans avec Tommy Caldwell et sa compagne. Si ceux-là, au mieux de leur forme, n'ont pas trouvé drôle de crapahuter dans la taïga en mode sanglier et sur des moraines branlantes avec 30 ou 40 kilos sur le dos... je crois que je ne vais pas aimer du tout. C'est même franchement irréaliste pour moi qui trouve un sac de 15 kilos bien lourd à porter sur une traversée d'arête de plusieurs jours. L'option la plus authentique est de rejoindre ce lac en descendant la rivière en canoé, mais il faut alors compter six jours de plus. Et *quid* du retour ? Tout cela n'est pas compatible avec mes responsabilités, car la période optimale pour Fleur de lotus, juillet, est très chargée : c'est la préparation des comptes du premier semestre. Un processus de plusieurs semaines.

*

Au printemps 2020, la pandémie passe par là. Comment respecter la règle du kilomètre de rayon autour de chez moi pour courir ? Porte de Clichy-Porte de Clignancourt, 5 heures du matin,

5 kilomètres aller-retour. Il faut ruser, optimiser sous contrainte. Les bons plans circulent sous le manteau. Avec François, on grimpe à la sauvette. Ces quelques moments d'oxygène m'équilibrent pour gérer avec le bon niveau de recul, de réalisme et de sang-froid la crise sur les chaînes alimentaires, les injonctions gouvernementales pour que les linéaires ne soient pas vides dans les magasins, la question de la sécurité de nos salariés, le dévissage de la performance financière...

Donc grimper, ici. Là où c'est donné. Alors, un an plus tard, quand revient la liberté sanitaire et la saison pour y songer de nouveau, l'idée même de voler 10 000 kilomètres pour rejoindre la Fleur de lotus ne me paraît plus du tout aller de soi. Mais je suis libéré des responsabilités que j'avais acceptées. Si cette voie est vraiment importante, si elle est essentielle à défaut d'être utile, si j'ai vraiment du temps devant moi, pourquoi ne pas pousser plus loin la réflexion ? Plusieurs compagnies de transport maritime louent des cabines sur des porte-conteneurs, il existe une liaison régulière Anvers-Halifax qui permet de traverser l'Atlantique nord en six ou sept jours. Le temps de lire, d'écrire, de rêver. Ensuite, ça se complique : le Transcanadien jusqu'à Edmonton, une centaine d'heures de train, presque une autre semaine pour arriver à « seulement » un petit millier de kilomètres du but... Pas gagné, pour douze à vingt-quatre heures de créneau météo toutes les semaines ! Si un jour des obligations professionnelles me ramènent dans l'Ouest américain début juillet (la seule saison propice), la question se posera différemment. Mais à l'heure où Arnaud monte l'initiative ACTS, Kílian, sa fondation, et nos enfants choisissent le train pour aller au Japon, je ne peux plus esquiver la question : comment est-il possible, en honorant la vie d'aujourd'hui et celle de demain, d'accéder au jardin où pousse la Fleur de lotus ? Est-ce un hasard si elle est située dans le cirque des Parois impossibles ?

Ces quinze dernières années, j'ai été de plus en plus vigilant sur les raisons de mes déplacements. En particulier en dehors de mon travail, et plus encore quand il s'agit de rejoindre la nature. Je ne veux pas céder trop facilement à la tentation d'aller skier en rando ou grimper dans le monde entier : quand on a de l'argent, c'est assez facile. Après les Alpes de Lyngen en Norvège, pourquoi pas le Svalbard ou le Groenland, toujours plus loin, toujours plus au nord ? C'est pour moi une question d'hygiène de vie : ne pas me servir comme si cela m'était dû, comme si j'avais la liberté de jouer sans rendre de comptes à personne, jouer avec de l'argent, jouer avec du carbone, avec de la vie, avec du temps. Je connais à peine les Alpes ! La seule vallée de la Haute Durance et le massif des Écrins seraient en soi un terrain de jeu inépuisable pour les dix ans qui viennent. Et que dire des falaises de Provence ?

Pourtant j'aimerais continuer à grimper un peu plus loin aussi. Partir pour une longue ascension avec Jo, bivouaquer en paroi, plus près ? Profiter d'une occasion ? Arnaud a un projet d'ouverture de voie à Taghia, au Maroc. Une gorge loin au-dessus d'un village de montagne. Pas d'eau courante, à peine l'électricité au village. On y accède par un sentier muletier, après quelques heures de cahots sur une route qui s'enfonce dans les collines au sud-est de Marrakech. C'est dans cette ville qu'à l'occasion de la COP 22, j'ai soutenu le plan Maroc Vert au côté de celui qui est aujourd'hui Premier ministre. C'est aussi dans cette banlieue de Marrakech que nous avons découvert en famille l'incroyable association Fiers et forts, qui accueille et fait grandir les enfants des rues ; dans ces campagnes arides que nous allions collecter auprès de 100 000 petits éleveurs le lait frais de la marque Centrale Danone pour laquelle j'ai dû monter au créneau, face à un grand mouvement de boycott. Dans cette région du Nord de l'Atlas, les villageois des montagnes ont mis en place une gestion collective de l'eau, de l'agriculture et du pastoralisme qui force l'admiration et fait partie des solutions simples pour l'avenir. C'est ce Maroc rural des montagnes de l'Atlas que j'ai découvert à 10 ans, dans les pages de *L'Aiglon d'Ouarzazate*. « Je suis Ismaël, l'aigle de l'Atlas », chante fièrement un jeune garçon au pied des murs en torchis rouge de la citadelle. Il veut aussi être guide de l'Atlas comme Abou-Bakr, le colosse berbère. Une amitié et une expédition dans les gorges sauvages et hostiles de l'Atlas permettront-elles à Ismaël de réaliser ses rêves ? La quatrième de couverture m'avait entraîné dans l'aventure. Alors oui, partir sur les pas d'Ismaël et de son petit âne, écrire un itinéraire dans ce rocher jaune de l'Afrique a du sens pour moi. Un printemps prochain, quand les blés verdiront les hauts plateaux ?

8

L'ENGAGEMENT

Free solo, c'est le film dont tout le monde parle : le récit à la première personne du solo extraordinaire réussi par Alex Honnold le 3 juin 2017. Je m'en souviens, je préparais mon discours de Berlin. L'ascension en solo intégral de *Freerider* sur El Capitan, 900 mètres de verticale parfaite, a été couverte comme seuls les Américains savent le faire et le film promet d'être à la hauteur de ce moment historique. Honnold a été suivi par une équipe de National Geographic pendant ses deux années de préparation, puis en temps réel pendant les 3 h 46 de l'ascension. Le film sort en 2018, il obtient l'Oscar du meilleur documentaire. Tout le monde autour de moi me demande ce que j'en pense. Non, je ne me précipite pas pour le voir. Je ne sais pas trop pourquoi. Je ne veux pas le regarder dans un avion. Je veux avoir le temps, être installé dans un endroit au calme, et seul. Pour un grimpeur, un film comme celui-ci ne peut pas être anodin.

Et je sens confusément que ce n'est pas qu'un film de grimpe. Dès les premières images, je sens monter en moi quelque chose que je repère tout de suite, qui cherche l'adrénaline, l'émotion : « Et s'il se passait ça... ? » « Ça », c'est la chute. Honnold grimpe sans corde. S'il tombe, il meurt. Il le sait, il l'assume. Il sait que le spectateur le sait. Il sait que les cameramen qui le filment le savent. Les cameramen savent que le public le sait. Les producteurs aussi. Honnold sait qu'il ne tombera pas, mais il est le seul à pouvoir le savoir. Et tout le film est habité par ce « ça pourrait mal finir ». On n'en sort pas. C'est filmé proactivement par des gens qui l'ont vécu pour de vrai ne sachant pas, eux, si ça allait bien ou mal finir. Et c'est bien cela qui est mis en scène, dont la grimpe finit par être un simple support. À tel point que, quand Honnold attaque le crux, le cameraman est lui-même filmé en train de détourner les yeux de la caméra... paraît-il. Cette scène, je ne l'ai pas vue. C'est mon fils qui me l'a racontée. Car au premier tiers du film, je me suis arrêté. Je ne vois pas ce qui me donne le droit, à moi, parce que je sais que ça s'est bien terminé, de regarder ça alors que la personne qui tournait ce film n'en a pas eu la force. Une voix en moi a dit : « Non, ce n'est pas juste. »

J'ai coupé au premier tiers du film, juste après le moment où Alex interrompt une première tentative dans la nuit. Son chausson glisse de quelques centimètres. Il ne le sent pas. Il s'arrête. J'arrête le film.

L'engagement est un continuum. Il commence par l'acceptation de la chute. Quel que soit son niveau de gravité. Il culmine en solo, où la chute est mortelle. C'est un continuum sur lequel chaque personne qui grimpe se déplace au gré du temps, de ses sensations, de ses vibrations, de sa vie. Je comprends très bien que des gens fassent du solo. C'est une pratique extraordinaire pour des gens extraordinaires... Qu'ils vivent moins durablement que les autres n'est pas pour moi un critère, car l'espérance de vie n'est pas un indicateur particulièrement intéressant. Je lui préfère l'intensité de ce que nous vivons. Chacun vit sa vie avec l'intensité qu'il a choisie. Plein de gens font du solo sans même en parler. Honnold a une aisance, une assurance, un naturel, une absence de peur hors du commun. Qu'il se mette à parler de ses solos ne me choque pas. Qu'on en fasse un film ne me choque pas en soi, même si je ne trouve pas que ce soit sans risque. Les images sont à couper le souffle, le réalisme des plans est prenant. Mais je ne veux pas regarder un film dont le cameraman détourne les yeux. J'ai une immense admiration pour Jimmy Chin, le réalisateur. Un grimpeur authentique, qui a vécu pendant des années dans sa voiture dans la « Vallée ». Et un grand photographe. Mais là, je détourne les yeux, comme lui. Je ne sais pas quelle est l'étymologie du mot obscène, mais je trouve qu'il y a quelque chose de ça. Devant *Free Solo,* je ne me suis pas du tout senti à ma place.

J'ai vu au même moment un film qui en est le contrepoint à bien des égards : *The Dawn Wall*, l'incroyable histoire de Tommy Caldwell et de Kevin Jorgeson, son compagnon de cordée. Caldwell, largué par sa copine, se lance de façon obsessionnelle dans le projet de créer une voie d'escalade libre (sans aide artificielle) dans le Dawn Wall, la face la plus compacte d'El Capitan. Quand je le vois micrométrer toute la paroi pour trouver les passages, là je retrouve ce que beaucoup de grimpeurs vivent quand ils s'obsèdent pour une voie ou pour un bloc : trouver la sortie, essayer une fois, dix fois, vingt fois, cent fois s'il le faut. Et puis cette incroyable histoire de solidarité dans la cordée : sortir, mais pas seul, toujours à deux. Pour la joie de partager. La grimpe comme je l'aime et la vis.

*

J'ai rencontré Kílian Jornet pour la première fois quand il est devenu ambassadeur de notre marque Volvic. Kílian, tout le monde connaît : un monument sacré du trail ! Puis j'ai eu la chance d'assister à sa rencontre avec Alex Honnold au Grand Rex, à Paris, dans le cadre de Montagne en scène. C'était en 2016, Alex n'avait pas encore réalisé son solo intégral d'El Cap et Kílian revenait d'une tentative ratée à l'Everest (il n'avait pas encore réussi son doublé en solo en une semaine). Même si on le connaît moins sous cet angle, Kílian est aussi un très grand alpiniste et un extraordinaire skieur de pente raide. Et à ce titre, il faut prendre le temps de l'écouter sur la peur. Il dit, comme Alex, que s'il pense qu'il risque de tomber, il n'y va pas. Il répète ça dès qu'il en a l'occasion, et c'est un conseil qu'il donne à tous. « Si tu as un doute, tu n'y vas pas. » La première fois que je l'ai revu après la naissance de sa première fille, je lui ai demandé un peu naïvement si cela avait changé son approche du risque. Il m'a répondu, presque sans hésiter : « Oui, je conduis beaucoup moins vite maintenant ! » Kílian ne ment pas. Il dit sa vérité ; et cela veut dire, en creux, qu'il ne prend pas de risque majeur, lorsqu'il est en montagne, en tout cas pas celui de tomber.

J'ai appris à connaître sa cohérence, son authenticité, et je sais qu'il est sincère. On ne plaisante pas avec cela, surtout quand on a perdu son compagnon d'aventure parce qu'il a mis le pied quelques centimètres trop à droite sur une arête neigeuse. Mais je ne crois pas qu'il s'agisse seulement d'une appréciation cérébrale du risque : il n'a pas besoin de se demander si, oui ou non, il peut tomber. C'est d'ailleurs ce que révèlent les IRM du cerveau d'Alex Honnold : il ne réagit pas aux images de stress qui lui sont proposées. Et Kílian explique qu'autant que possible, il ne se sert pas de son cerveau rationnel en montagne, qu'il passe sur un autre mode, au contact profond de son côté animal, de son instinct qui dicte la marche, et qui le protège. Un animal n'est pas dans l'appréciation du risque. Il pose la patte là où il faut la poser. Il ne se demande pas s'il peut tomber ou pas. Le risque, « l'exposition », il ne connaît pas. Dans le peu que je sais de Kílian, je vois cette capacité de débrancher une partie de son cerveau et de se connecter totalement à son instinct animal. Il se trouve que c'est un animal alpestre, un chamois comme il dit souvent. S'il était apnéiste, il serait dauphin ou baleine. Charlie, mon compagnon d'écriture, évoque sur ce thème son amitié avec Christophe Profit, un dieu au panthéon des grimpeurs, qui marqua l'histoire de l'alpinisme à tout jamais un après-midi d'été 1982 où il attaque en solo intégral les 900 mètres de granit de la *Directe américaine* aux Drus et sort au sommet trois heures plus tard. Je me souviens, j'avais 18 ans. On parlait d'un film où on le voyait grimper le fameux dièdre de 90 mètres sans aucun coinceur, en libre – et bien sûr en solo, après avoir sorti les écouteurs d'un walkman de son petit sac à dos et mis de la musique pour se concentrer. Charlie me raconte comment Christophe, amoureux du refuge des Grands Mulets et qui continue à le fréquenter avec ses clients malgré l'itinéraire de montée de plus en plus délaissé par les guides, l'a un jour entraîné sur de drôles de pointillés. La surprise passée, il s'est aperçu que Christophe suivait de petites empreintes dans la neige – celles de la fouine qui regagne chaque printemps le refuge, à plus de 3 000 mètres d'altitude. Elle trouve un chemin pour traverser le labyrinthe de séracs de la Jonction. Christophe fait confiance à l'instinct de l'animal.

*

Pourrons-nous retrouver le lien au vivant au plus profond de nous-mêmes, ce vivant que nous sommes éduqués à ignorer, à mépriser ? Et moi, ai-je peur en grimpant ? Il m'est arrivé souvent de « débrancher » un mécanisme de peur qui commençait à s'installer. C'est un phénomène qui peut apparaître avec l'exposition (là, ce n'est pas très difficile, mais il ne faut pas tomber), ou avec l'engagement (c'est difficile, loin d'un point de repos, de retour, la sortie est au-dessus, et aucune autre solution n'est bonne). Le mécanisme de la peur, c'est « je pense, donc je suis » : je pense, donc je scénarise, je probabilise et cette pensée envahit petit à petit tout mon être. On apprend à stopper net cet enchaînement. Respirer calmement et reprendre pied dans l'élémentaire de ce qui est à accomplir, ici et maintenant. Pas de « et si ? ». Concentration, en tension positive. Mais comme tous les grimpeurs ou alpinistes, il m'est arrivé plusieurs fois de me laisser envahir malgré moi, de ne pouvoir endiguer la peur. Comme face au loup. Là, pendant dix ou vingt secondes, il se passe des choses que je ne maîtrise pas, je grimpe sans avoir conscience de grimper. Les mains trouvent les prises, les doigts se ferment dessus, avec une force insoupçonnée, les gestes sont rapides, les mouvements enchaînés, improbables. L'esprit ne sert que cette mécanique, à l'instant présent. Tout le reste a disparu. Les choix deviennent totalement instinctifs. L'adrénaline prend le contrôle et déclenche d'autres mécanismes vitaux. Est-ce cela, l'état animal où la peur n'existe plus et où tout se concentre sur l'action présente ?

Passer à la phase animale sans qu'elle soit déclenchée ou conditionnée par la peur, et la gérer dans la durée en métaconscience, c'est sans doute ce que des gens exceptionnels comme Kílian, Christophe ou Alex arrivent à faire.

*

L'apprivoisement de la peur est une nécessité pour ce que les grimpeurs et alpinistes appellent l'engagement. On ne grimpe pas sans l'acceptation d'une dose d'engagement. Le premier pas sur le premier rocher en est la première expérience. Il fait partie de ce qui m'attire dans la grimpe depuis mes premiers pas à 15 ans sur les blocs de Saint-Michel-de-Chaillol. On s'y est fait quand même quelques frayeurs. Nous n'avions pas de corde, les blocs les plus hauts font six ou sept mètres, et en bas, il n'y a pas la petite plage de sable pour amortir la chute comme à Fontainebleau. Mais à 15 ans, on y va.

La grimpe est un espace et un temps dans lesquels je suis convoqué à l'unification de ma vie. C'est ici et c'est maintenant. Dans ma vie de CEO, mon esprit est en aller-retour permanent entre ici maintenant, et ailleurs demain. En grimpant, je suis ici et maintenant avec mon esprit, mais aussi avec mon corps – si ma tête n'y est pas, si mon corps ne répond pas, si mon âme n'a pas envie, ça ne marche pas. J'y trouve une sensation de plénitude qui unit tout mon être. Ce petit bout de ma vie relié à ces quelques centimètres de prise, c'est une connexion de tout mon corps avec la totalité de l'univers. Ma vie est là, maintenant, et elle se projette dans les quelques mètres qui viennent. Mon moi est entre maintenant et les quelques mètres qui viennent. En position de leader de cordée, on vit de véritables voyages entre le dernier point de protection posé et le prochain – soit il est là et je dois l'atteindre, soit il n'y est pas et il faut que je l'invente. S'ouvre alors un espace où le mouvement ne peut que me porter plus haut, plus loin, et plus ce voyage grandit dans le temps, plus je m'élève au-dessus du dernier point, et plus l'intensité de ce qui s'y vit est forte. C'est lié à l'exposition. Pour moi, c'est le premier avatar de l'engagement, sa première incarnation. D'un point à l'autre, je suis engagé tout entier. J'ai fait le choix de m'embarquer pour cette traversée, ça va être compliqué si je me suis trompé. Je dois assumer ma responsabilité. Assume, mon gars, tu as choisi de passer par là, d'y aller en tête. Maintenant, toi seul peux t'en délivrer.

Il m'est arrivé comme tout le monde de me planter, de ne pas avoir bien lu la voie et les mouvements, et de me retrouver à tâtonner six, sept ou dix mètres au-dessus du dernier point. Alors, cool, calme ! Avant chaque pas, je dois reprendre contact avec ma respiration, me poser intérieurement, me rappeler que je connais la difficulté de la voie donc ça doit passer. L'enjeu de cette présence au monde croît à chaque seconde, à chaque centimètre. Plus j'avance, plus je m'engage et plus l'enjeu grandit. Neuf fois sur dix, voler c'est juste voler. Mais il y a des endroits où ce n'est vraiment pas confortable. « Là, faut pas tomber. »

Parfois, lorsque le vide (le « gaz ») se creuse et que la corde disparaît entre mes jambes, j'ai la sensation de plonger en apnée dans l'apesanteur, un mètre de plus, dix mètres de plus, cent mètres de plus. Un état de grâce. Une plongée vers le haut, après laquelle on tirera des rappels pour revenir respirer à la surface, au pied de la voie, comme les apnéistes remontent à la surface le long de leur ligne de vie. D'ailleurs, en apnée, j'ai parfois la sensation d'une imperceptible respiration intérieure.

Ce rapport à l'exposition partagé en cordée, c'est la quintessence de ce que m'apporte la grimpe dans ma vie. Ces moments suspendus me ressourcent dans ma capacité à m'engager partout ailleurs. Je viens y faire le plein de cette énergie vitale, de cette connexion en profondeur avec moi-même.

*

Le principe, c'est qu'en alpinisme, on ne tombe pas. Tomber en montagne, ce n'est jamais anodin. En falaise – ou en escalade sportive en montagne –, c'est différent. D'ailleurs, en grimpe, on ne dit pas chuter, on dit voler. Apprendre à voler, cela engage quelque chose d'essentiel : une responsabilité vis-à-vis de l'assureur. Le vol se passe plus ou moins bien en fonction de la corde qui me relie à l'assureur, de la longueur de la corde, du facteur de chute. On ne vole pas tout seul. On vole à deux. Si le second assure en dynamique, il décolle aussi pour amortir et rendre l'atterrissage du premier moins brutal. Non, je ne suis pas seul quand je vole. Pas du tout seul. Si j'étais seul, ça se passerait très mal. C'est un paramètre de l'engagement. Je n'ai pas le sentiment de m'engager seul quand je grimpe, on s'engage à deux. En dessous, mon compagnon m'encourage, « vas-y Manu... allez, c'est bien, respire... » au moment où il sent que la corde avance moins vite, que ça hésite. S'il sent du mou qui revient, il devine sans me voir que j'ai peut-être grimpé un peu haut, que j'ai mal lu l'itinéraire. On ne se voit pas toujours, il peut y avoir du vent et on ne s'entend plus, mais il reste toujours ce lien par la corde, le mou qui vient plus ou moins facilement. J'aime bien avoir du mou quand je grimpe en tête pour ne pas être gêné, mais ce n'est pas le cas de tout le monde, il faut s'ajuster. « Suis-moi de près »... On est vraiment encordé, on le sent ! C'est ce qui fait qu'un rapport très fort s'établit quand on grimpe avec quelqu'un, un rapport d'alliance, de confiance. Je te fais confiance, tu me fais confiance. Je me fais confiance. C'est important de savoir où on en est, connaître son compagnon. Certains savent assurer, d'autres pas. C'est toute une relation qui se joue. On est une cordée. Pas deux individus, une cordée. La fin de *The Dawn Wall* me touche. À la dernière longueur, Caldwell décide de ne pas finir la voie tant que KJ n'aura pas passé la longueur clé. Ils redescendent. Ils passent plusieurs jours dans leur minuscule tente de paroi à attendre que la peau des doigts de KJ cicatrise. Il s'entête et passe. Et ils sortent la voie à deux jusqu'au bout. Une cordée.

Pour moi, il existe deux formes d'engagement. L'engagement dans l'ici et maintenant, au-dessus du dernier point, et l'engagement au sens de la voie, plus long plus durable. Dans certaines voies en traversée, en dévers, dans du terrain pourri, la sortie, c'est par le haut. Tu es en bas, tu décides d'y aller, tu sais que plus tu avances, moins le retour sera possible, puis il y a un moment c'est une évidence : ça ne passe plus que par en haut. Tu as embarqué ta vie par là, c'est par là qu'elle va passer.

Cet engagement-là nous a valu de beaux moments de bagarre. Un hiver, avec Mano dans les Calanques, nous nous sommes battus comme des chiens pour sortir une voie avant la nuit. Une erreur d'itinéraire nous avait amenés dans une vieille variante, probablement dans un bon vieux 7b, qui gravillonnait, avec des prises qui cassaient et des vieux clous rouillés très espacés. On l'a sortie avec les ongles, les dents, les tripes ! Épuisés, mais à deux. Dans la dernière longueur, Mano y allait, puis je faisais quatre mètres, je posais un point, je redescendais et Mano y allait à son tour, libérant le crux. On est rentrés à la frontale à Lumigny, les doigts en sang et fourbus, mais heureux. On l'avait sorti, ce truc !

On est ensemble pour les coups de mou, les choix à assumer, les rappels de nuit ou sous la pluie. L'engagement se vit à deux. Il suppose d'avoir bien évalué sa propre capacité, la capacité de la cordée, bien choisi le matériel, le nombre de litres d'eau, d'avoir bien dosé pour partir avec un sac pas trop lourd, mais sans oublier de glisser la frontale au fond du sac (ça m'est arrivé).

Ces instants sont pour moi ceux où je touche l'essence de la vie, ce qu'elle a de plus vivant. Je redescends dans la vallée, dans ma vie, dans mon métier, et je porte en moi, sur moi, les traces de la lutte sur le rocher, une tendinite qui s'est installée, un bandage à droite ou à gauche, des bouts de strap sur mes doigts douloureux. Je me suis retrouvé en photo dans le *Financial Times* avec un strap sur le doigt (je ne savais pas que ça se voyait). Mes doigts bien écorchés avaient encore du mal à taper sur mon clavier. Je ne lâche pas les prises, et quand je finis par les lâcher, ça frotte très fort.

Dans ma vie professionnelle, que signifie l'engagement ? Qu'est-ce que je risque ? De perdre mon job ? Intéressante, cette question. Le 24 novembre 2020, au milieu de la crise activiste et au lendemain de l'annonce du plan de restructuration Local First, c'est la question que Léa Salamé me pose, pour clore notre entretien. « Emmanuel Faber, avez-vous peur de perdre votre job ? » Je suis en direct sur la matinale de France Inter. La réponse pourrait paraître évidente, vu les circonstances, et pourtant. De quoi a-t-on peur quand on grimpe ? De tomber, de ne pas atteindre le sommet ? Mais quel est ce sommet dont nous faisons l'ascension tous les jours ? Si cette montagne, c'est la pyramide du pouvoir qui culmine en haut des multinationales, la chute c'est en effet de perdre son job. Mais ce risque, je l'ai déjà pris à vingt-cinq ans en publiant mon premier livre, en m'exposant à être remercié par la banque d'affaires qui m'employait en consultant mes managers sur ce projet. J'ai pris le risque d'anticiper de cinq à dix ans les tendances mondiales de notre secteur pour y préparer notre entreprise, le risque de rassembler des coalitions de dizaines d'entreprises pour inventer ensemble d'autres formes d'économie qui ne restaient pas dans le *statu quo*. Celui de me battre, avec d'autres, pour la modification de la gouvernance des entreprises par la loi Pacte dont les organisations patronales ne voulaient pas entendre parler à l'époque, de me battre contre le système des rémunérations des dirigeants, où j'ai été bien seul. Le risque de me priver de 20 millions d'euros de retraite pour que tous les salariés soient actionnaires. Alors ma seule peur, ce matin de novembre, c'est, sous la pression, de ne plus prendre de risque, de ne plus m'engager, de rester assis confortablement là où le pouvoir m'a placé. Préférer le pouvoir au leadership, qui ouvre des voies nouvelles. S'arrêter par peur, parce que devant, c'est dur. Ne plus conformer mes décisions à ce que je crois juste. Ne plus suivre les étoiles. Dans mon lexique, ça a un nom, ça s'appelle la compromission. C'est cela, dont j'ai peur.

« Emmanuel Faber, avez-vous peur de perdre votre job ? » Ce matin-là sur France Inter, je n'ai même pas besoin de respirer pour répondre à Léa : « Non. Ça ne me fait pas peur. Ce dont j'ai peur, c'est de mal le faire. »

*

Sans la grimpe, sans cette expérience de l'engagement, je ne serais pas assez fort, au sens moral du terme, pour être un CEO qui, au nom d'un projet plus grand que lui, met en jeu son pouvoir pour exercer du leadership. Le pouvoir endort. C'est le poison du leadership. Tout le monde te dit que ce que tu fais est très bien, plus personne ne te dit non. Tu n'entends plus que ce que tu as envie d'entendre. Le pouvoir, la gloire et l'argent sont des tentations très fortes et il est difficile de ne pas y perdre l'horizon de ses rêves. La grimpe, elle, te dit ta vérité. La montagne te remet à ta place. Une cordée est un lien indéfectible. Pour gagner ensemble de nouveaux horizons.

9

L'ENFANT À L'ÉTOILE

Danone a fait partie très tôt de mon paysage mental. Tout juste sorti d'HEC, j'avais lu *Modernisation, mode d'emploi* d'Antoine Riboud et j'avais été impressionné par ce PDG visionnaire à la fibre sociale. Je l'ai rencontré une première fois peu de temps après. Ma banque travaillait sur un projet de fusion avec un groupe anglais, et j'ai été invité à une séance de discussion d'une heure avec lui et son directeur financier, Christian Laubie, au siège de la rue de Téhéran. J'étais au fond et observais attentivement. Antoine s'appuyait sur la table, les bras largement écartés, les mains posées à plat, se redressant à chaque fois qu'il résumait un point de vue. Il parlait avec ses mains, qui tournaient dans l'air. Il énonçait son intuition qui construisait son raisonnement au fur et à mesure. J'ai d'ailleurs vu Christian, des années plus tard, parler comme cela, aussi.

Mais Danone, ce ne sera pas pour tout de suite. Je passe quelques années passionnantes aux côtés de Pierre-Yves Legris, à redresser l'entreprise familiale éponyme qui a grandi trop vite. Aguerri par cette expérience, en septembre 1997, je rejoins la nouvelle équipe de Danone que constitue Franck Riboud, qui vient d'être nommé PDG par son père, en vue d'en prendre la direction financière. Je ne connais pas Franck, mais il ne ressemble pas à un patron habituel, et c'est pour moi un critère primordial. J'ai le sentiment que nous allons pouvoir gérer cette entreprise non pas comme une grosse structure pyramidale, mais en prenant des décisions assez vite, à l'intuition, et pas seulement avec des maths.

L'entreprise a changé de nom peu de temps auparavant. En 1994, Antoine Riboud a voulu remplacer l'acronyme BSN, celui des trois familles fondatrices, Boussois, Souchon, Neuvesel, par une marque qui parle aux consommateurs et aux salariés : ce fut Danone, une des principales marques de l'entreprise et l'un de ses berceaux (Danone a vu le jour à Barcelone en 1919). Le logo de la nouvelle entité représentait un visage d'enfant tourné vers une étoile. Je ne peux pas dire qu'à titre personnel j'ai été indifférent à ce choix, la thématique de l'enfant, de l'étoile… je me sens assez bien avec tout ça. Encore aujourd'hui, chez Danone, quand on parle du logo, on dit « l'enfant à l'étoile ».

Après ces années passées dans l'univers de la finance, ma conviction s'est renforcée. L'enjeu de l'économie, l'enjeu de la mondialisation, doit être la justice sociale. Sans justice sociale, il n'y aura plus d'économie. Nous, les privilégiés, pouvons monter des murs de plus en plus hauts, autour de nos pays, autour de nos maisons, rien n'arrêtera ceux qui ont besoin que nous partagions avec eux.

Danone a été un terreau très fertile.

Notre équipe a eu un impact considérable sur le recentrage stratégique de l'entreprise, la construction des métiers du futur, la mise en place des processus de gestion intégrés. Par conséquent, j'ai aussi pu agir pour mettre ma conviction à l'épreuve de la réalité, et m'assurer qu'elle était autre chose qu'une utopie, en la confrontant à d'autres points de vue, puis en fabriquant ensemble des solutions. On m'a fait confiance, on m'a donné la liberté d'agir. Parce que mes préoccupations personnelles rencontraient la culture d'une entreprise tournée vers l'innovation sociale, qui avait été à plusieurs reprises dans son histoire en avance sur son temps… mais aussi parce que j'étais un directeur financier et négociateur intraitable, parfois trop même : on ne pouvait pas m'accuser d'être un doux rêveur lorsque je proposais des réglages différents ou des innovations dans le domaine social ou environnemental. J'ai aussi eu la chance d'avoir le soutien des grands actionnaires – je connaissais certains depuis des années, et ils ont toujours non seulement nourri par des consultations confidentielles, mais aussi massivement voté les mesures d'innovation sociale que nous proposions.

À apprendre, douter, espérer, échouer, recommencer, à grandir avec d'autres, à emprunter des *Chemins de Traverse* dont j'ai déjà raconté la richesse de ce qu'ils nous ont fait découvrir, j'ai marché plus de vingt ans aux côtés de l'enfant à l'étoile. Je n'ai jamais cherché à le quitter.

*

En 2014, lorsque je suis devenu directeur général de Danone (ou plutôt CEO, car je préfère l'acronyme anglais *chief executive officer*, moins marqué et moins « patriarcal »), j'ai lancé une réflexion sur l'identité de la marque, un moment collectif important : pour réussir dans le monde qui se dessinait, qui étions-nous ? Dans la révolution qui commençait à secouer le secteur mondial de l'alimentation, nos performances et nos résultats étaient en baisse depuis plusieurs années, certaines de nos marques usées jusqu'à la corde par des méthodes marketing du passé que nous n'avions pas su renouveler, et je percevais que nous n'avions pas les bons capteurs pour voir venir les nouvelles tendances, et reprendre le contrôle de notre destin. Le projet de Danone courait sur son erre, mais avait perdu de sa vitalité. Et outre les résultats récents, c'est une vision aspirationnelle du futur qui nous faisait défaut. Qui voulions-nous être ? Ce travail, il fallait le réancrer dans le visuel de cet enfant qui regarde une étoile. Pour lui redonner toute sa place, tout son rôle dans le rêve collectif de l'entreprise. Après nous être demandé ce qu'on allait faire de ce logo, nous l'avons simplement tourné pour qu'il regarde vers la droite, donc vers l'avenir dans le langage occidental, mais aussi vers le soleil levant. Et notre nouveau slogan s'est inscrit de façon naturelle en dessous : « *One planet. One health.* » Un rappel des origines de l'entreprise. Et une urgence pour le futur. Une vision dont nous voulions que Danone soit porteur, et un cadre d'action pour l'avenir.

J'ai annoncé cela le 22 juin 2017 à Berlin, dans un discours devant l'assemblée annuelle du Consumer Goods Forum (CGF) : un moment fort où j'ai présenté la nouvelle identité de la marque et un film tourné avec des gens de Danone, *We have the power*. Le message, nous l'adressions aux consommateurs de toute la planète : « Chaque fois que je mange et bois, j'ai le pouvoir d'agir et de choisir le monde dans lequel je veux vivre. »

Ce jour-là à Berlin, j'ai rappelé que l'ONU avait fait du droit à l'alimentation un droit humain fondamental. Que nous, acteurs de cette industrie mondiale, avions la responsabilité de travailler à la souveraineté alimentaire de chacune et chacun. J'ai posé des mots forts, parlé de justice sociale et climatique. Répété que l'accroissement des inégalités minait le consensus social et était une véritable bombe à retardement. Ce discours a marqué une étape, et a secoué pas mal de nos confrères. Il exprimait tout haut ce que beaucoup pensaient sans forcément l'avoir formulé, ou sans oser se l'avouer. Quelques semaines après, le comité de gouvernance du CGF m'a approché pour prendre la présidence de cette assemblée.

Berlin a été un moment fort. Au-delà de tout ce que je portais depuis des années, ce fut un engagement programmatique : Danone n'allait plus seulement agir en tant qu'entreprise, mais en se plaçant en acteur d'une révolution, d'un mouvement collectif pour changer l'alimentation et les modèles agricoles.

*

One planet. One health. Une même planète, une même santé. Moins de trois ans plus tard, la pandémie du Covid 19 fait écho avec gravité à cette vision. En mars 2020, dans le monde entier, les gouvernements décident de fermer les frontières, les restaurants, les cinémas et d'assigner des milliards d'habitants à domicile. Tout CEO de Danone que je suis, je ne suis plus seul à décider de tout (je ne l'ai jamais été, d'ailleurs). Il y a sur mon business des influences colossales qui se manifestent dans ce moment de crise de façon beaucoup plus forte que tous les signaux faibles que j'enregistrais depuis longtemps. Beaucoup d'entreprises le réalisent, qui détournent leurs fonctionnements habituels pour parer à l'urgence collective. On redécouvre l'utilité de l'efficacité et de la puissance des entreprises, pour produire des gels hydroalcooliques, des équipements d'oxygénation. À l'AP-HP, mon ami Martin Hirsch est sur tous les fronts, et son équipe coordonne avec les entreprises la mise à disposition d'urgence d'une liste hétéroclite de matériels, de services, de compétences nécessaires pour gagner de vitesse la pandémie. Partout dans le monde, on redécouvre l'essence même de l'économie : l'utilité de ces organisations collectives humaines qui produisent des biens et services, dont certains apparaissent brusquement essentiels. Maintenir ces capacités de service, malgré les innombrables difficultés logistiques, tout en protégeant les salariés, et sans fragiliser financièrement les entreprises a été une gageure pour tout le monde. D'ailleurs, pendant cette période, les grandes entreprises communiquent autour de cette utilité, de cette continuité, de cet engagement, retrouvent, pour certaines, le génie de l'innovation qui leur a donné le jour cinquante ou cent ans auparavant. Les publicités institutionnelles se multiplient autour du thème « cela fait un siècle que nous sommes à votre service et celui de votre famille. Nous sommes là, fiers de continuer à vous servir, au moment où vous avez le plus besoin de nous. Vous pouvez compter sur nous ». Les entreprises elles-mêmes redécouvrent qu'énoncer une mission, désigner son étoile polaire crée du collectif, du sens, de l'adhésion. Nécessaire au moment où tous les codes du travail ensemble, du collectif dans les entreprises volent en éclats. Et du coup, les actionnaires réalisent qu'avoir une mission peut devenir un atout. Avoir un impact positif dans tel ou tel domaine, être capable de tenir la chaîne alimentaire dans tel pays, tout le monde en perçoit l'utilité sociale, cela prend du sens.

Pour avoir collaboré de près avec le gouvernement à l'élaboration de la loi Pacte, je connais bien les dispositifs qui vont permettre de structurer cet atout. Je comprends que Danone doit saisir cette opportunité pour devenir « entreprise à mission ». En 2019, la loi Pacte a introduit dans le droit français cette possibilité pour une entreprise de se donner statutairement une mission d'ordre social ou environnemental.

En avril 2020, en plein confinement, Danone repousse son assemblée générale à fin juin, comme toutes les entreprises du CAC 40. Je consulte le conseil d'administration et explique que nous avons une opportunité pour que Danone devienne la première entreprise à mission en France, dotée d'un comité de mission qui guidera et rendra compte de notre impact sur la santé, l'agriculture, les salariés, l'inclusivité de sa croissance. Nous avons deux mois pour le faire. Tout le monde est d'accord pour essayer. Au bout du compte, nos grands actionnaires sont unanimes : le statut d'entreprise à mission est adopté avec 99,4 % de votes « oui ».

C'est un aboutissement pour l'aventure engagée par Antoine Riboud en 1972, presque un demi-siècle auparavant, dans son fameux discours de Marseille. Pour entrer de plain-pied dans le XXIe siècle, un an après les cent ans de la création de Danone à Barcelone, nous créons une gouvernance qui donnera une pérennité et une capacité stratégique à toutes ces visions. Dans l'entreprise, l'adhésion et l'engagement des salariés sont incroyables.

*

Un an après, je ne suis plus le patron. Mais quels moments de leadership collectif nous ont imposé cette crise du Covid et les répercussions qu'elle a eues sur les destinées de l'entreprise ! Rien ne se fait sans une équipe. Et qu'il est difficile de travailler en équipe lorsque les consignes sanitaires nous obligent à travailler de chez nous. Nous traversons la pire crise que l'entreprise ait jamais connue, attaquée de toute part, minée dans son conseil d'administration, assaillie par quelques activistes aussi agressifs qu'opportunistes. Heureusement, l'équipe tient le choc. Quant à moi, au plus fort de la crise, pour rester bien concentré, je cherche l'oxygène sur les toits de Danone. J'aime m'y ressourcer quelques minutes au contact du vent, du ciel, du silence. J'y ai fait de belles rencontres au fil des années. Au sixième étage, il y a une terrasse où quelques-uns s'installent à la sauvette pour fumer discrètement une cigarette, mais aussi pour humer l'air du ciel, s'extraire de la densité de ce lieu enchâssé dans le cœur commerçant historique de Paris, entre l'Opéra et les grands magasins. Nous avons des ruches là-haut, où l'on peut observer le ballet des abeilles au printemps. Quand les choses ont commencé à s'envenimer sérieusement, j'ai eu besoin d'encore plus d'altitude, alors j'ai poursuivi mon exploration jusqu'au sommet du toit, par des échelles d'accès pour l'entretien – toutes parfaitement sécurisées – jusqu'à une petite terrasse clôturée par une rambarde, tout en haut, sur le faîte, où l'on peut tenir à trois ou quatre... Je sentais la pression que subissaient mes équipes. Je proposais parfois à certains de venir fumer, vapoter ou croquer des m&m's avec moi en regardant le soleil se coucher entre les deux anges dorés de l'Opéra tout proche. Le coucher de soleil est magnifique là-haut. Et j'adore le partager avec les gens que j'aime, en montagne comme ailleurs. Parmi ces compagnons de cordée des toits de Paris, Véronique, qui assumera l'intérim après mon départ, une fille incroyable, qui a le collectif dans le sang, au cœur simple, à la vision claire et concrète, à l'énergie indéfectible, fidèle jusqu'au bout au projet de cette entreprise qu'elle connaît par cœur ; Bertrand, DRH et secrétaire général, un garçon d'une incroyable solidité, d'une intelligence vive et perçante, d'une grande liberté de pensée, négociateur hors pair, et qui a mis la maison au carré depuis vingt ans partout où il est passé. Il conduira la négociation du plan Local First avec les syndicats mondiaux et obtiendra leur accord en tenant les délais au jour près. Et puis Nico, mon dircab, toujours partant, d'une incroyable intelligence empathique, encourageant pour chacun, à commencer par moi, toujours présent, prévenant, anticipant avec une rare efficacité et traitant les petites comme les grandes choses – il aura été le gardien de mon intégrité dans tous les sens du terme, ainsi que de celle de la cordée qui emmenait Danone pendant cette traversée d'arête bien délicate et éprouvante.

Car ça cognait fort. Et c'est vrai, dans cette longue crise, mon équipe a été tout simplement extraordinaire, celle de mon cabinet, celle du siège et celle du comité exécutif de l'entreprise. Et elle le sera d'ailleurs pendant les mois très difficiles qui vont suivre mon départ, tenant tous les plans et les engagements que nous avions pris, y compris sur les résultats financiers, alors qu'on s'employait encore en mars à présenter nos prévisions comme irréalistes. Malgré le sentiment d'avoir été trahie et le dégoût face à la bassesse des coups portés même par les plus proches, l'équipe a tenu. Elle a tenu malgré la sensation d'avoir perdu sa boussole. Elle a tenu parce qu'elle croit à la mission de l'entreprise et la vit tous les jours. Les pieds sur terre comme jamais, elle a été la gardienne de l'étoile. Danone lui doit une fière chandelle. C'est d'ailleurs ce que j'écris dans une lettre à tous les salariés en partant. Cette vision que j'ai beaucoup portée au nom de tous, ils ont désormais la charge de l'incarner en mon absence, de porter, chacune et chacun, le projet collectif auquel ils contribuent tous les jours. Et je le pense. Pour avoir fait prendre, degré par degré, jour après jour, le cap de l'avenir à ce très grand paquebot – 100 000 salariés, des centaines de milliers de fermiers en amont, des centaines de millions de consommateurs en aval qui utilisent les marques tous les jours, des dizaines de milliers d'actionnaires –, j'ai compris qu'à chaque fois que j'utilisais le pouvoir ça pouvait aller vite, mais aussi s'arrêter très vite. Le pouvoir crée des carapaces. Le leadership renforce les colonnes vertébrales. Lui seul permet de grandir. Le leadership c'est un chemin que l'on *montre* en disant que ça passe, mais en laissant chacun faire le chemin intérieur qui le met en marche, sans avoir besoin d'*imposer* le mouvement en vertu « des pouvoirs qui me sont conférés ».

Pour que cette rencontre ait lieu, il faut accepter d'aller puiser en profondeur en soi, dans ses doutes, ses convictions. Essayer de comprendre pourquoi on est touché, remué, se demander si c'est juste. Si vos préoccupations rencontrent celles d'autres personnes, celles du métier, de la raison d'être de l'entreprise. Alors, oui, on peut appuyer sur un bouton du haut de la pyramide, pousser une gueulante. Pendant mes sept années de D.G., elles doivent se compter sur les doigts d'une main.

On peut aussi, en conscience, rechercher à l'intérieur de ce pouvoir des moments de leadership. C'est beaucoup plus puissant, parce qu'alors le mouvement est inscrit dans l'agir, la conscience de dizaines, de centaines, de milliers de personnes et plus ! Comme le dit l'héroïne de *Foundation,* le roman d'Isaac Asimov, « la foi est une épée forgée dans les flammes de l'infini ». Oui, telle était, telle reste ma foi intacte dans l'infinie capacité des femmes et des hommes, individuelle et collective lorsqu'ils prennent conscience peu à peu de ce qu'ils sont et sont appelés à devenir : rien et tout à la fois. Une parcelle d'infini sans laquelle il manquerait quelque chose à l'univers. Le pouvoir de changer le monde. Si ce n'est plus ici, ce sera ailleurs. Mais ce sera.

Dix jours après mon éviction, au moment de le rendre, j'ai posté une photo de mon badge employé numéroté 187 sur les réseaux sociaux. Je l'avais depuis que j'étais entré chez Danone en 1997. Je disais merci aux salariés de Danone, merci de m'avoir permis de grandir au milieu d'eux en tant qu'homme, en tant que dirigeant. Quatre lignes. « *You rock!* » Sur Linkedin, il a été vu 3 millions de fois, liké 70 000 fois, commenté 2 500 fois. Sans compter les milliers de messages privés, rejoignant des milliers d'autres sur d'autres messageries. Je n'étais plus au pouvoir, ce n'était pas un badge de CEO, c'était un simple badge de salarié, aucun événement. Je ne « valais » plus rien. Je n'avais plus aucun avantage à concéder, plus une once de pouvoir à distiller en échange de quelques faveurs. Seulement un « merci ». Peu importent les chiffres, cela en dit long sur ce qui relie les acteurs du changement entre eux, et ce n'est certainement pas le pouvoir. C'est riche de ce terreau fertile que j'ai laissé ensuite, pendant plusieurs mois, mon champ en jachère.

10

Demain

« *Une compétitivité écologique et sociale est-elle possible ?* » C'est le thème que j'ai choisi pour ma rentrée. Cette rentrée, j'ai voulu la faire aux « Universités d'été de l'économie de demain », à la Cité universitaire à Paris, fin août 2021. Car demain est urgent, et j'ai voulu ponctuer ma période de jachère d'un point sur l'agenda de la transition que nous devons entamer vers des modèles économiques plus durables. L'urgence climatique, l'urgence sociale sont là.

Une compétitivité écologique et sociale est-elle possible ? C'est la question la plus difficile. Les tenants de l'ancien monde ont beau jeu de traiter d'irréalistes, voire d'irresponsables, ceux qui dépeignent le monde de demain et accolent à l'économie des adjectifs étranges : verte, libérée, douce, vivante, régénératrice. « Avec la concurrence des Chinois, les règles de l'OMC, les marchés financiers, tout cela est de la rêverie. Laissez donc les gens sérieux et compétents travailler. C'est déjà suffisamment compliqué comme ça. » Fermez le ban. De l'autre côté, on tente d'esquiver la question de la compétitivité. Sait-on d'ailleurs vraiment ce que c'est ? On prétend hardiment que l'économie verte va créer des centaines de milliers d'emplois. Ça permet de rassurer tout le monde. Mais en est-on si sûr ? On minimise, on relativise. On se raconte les belles expériences en cours ou passées : le Bhoutan et son Bonheur intérieur brut, les monnaies libres qui circulent dans certaines villes. Mais de là à dire comment ça marche à grande échelle dans une concurrence mondiale ? Pas simple. Et cela laisse donc la majorité d'entre nous perplexe.

Faire face à cette question est un devoir de salubrité. Accepter la complexité. Ne pas contourner le crux. Affronter l'obstacle bien de face, partager les convictions et les doutes pour faire avancer les choses.

Cette « compétitivité climatique et sociale », c'est-à-dire la compétitivité d'une économie ayant fortement progressé dans sa transition climatique et sociale, je ne crois pas utile de se demander si elle est souhaitable. Car souhaitable, elle l'est d'abord parce que la pandémie a modifié durablement des processus de production et des consensus sociaux. C'est en tout cas ma conviction. Elle l'est ensuite parce que les entreprises sont interdépendantes d'un nombre incalculable de facteurs dont l'interaction rend l'accès aux ressources beaucoup moins fluide, provoquant pénuries et inflations temporaires, comme on le voit depuis 2020, avec parfois des effets contre-intuitifs et dont certains seront durables.

Elle l'est enfin parce que les gouvernements ne laisseront pas l'économie de marché optimiser seulement l'efficience, et chercheront à ce qu'elle garantisse une résilience qui a été testée par la pandémie et dont l'enjeu est politique.

Affirmer que cette compétitivité climatique et sociale n'est pas nécessaire ne peut reposer que sur une seule hypothèse, qui en combine deux : ni l'événement inouï de la pandémie ni le dérèglement climatique ne modifieront, durablement ou fortement, nos modes de vie, nos facteurs de choix individuels, collectifs, politiques, et donc l'économie qui les sous-tend. Un sacré pari ! Parce que, pour l'instant, l'économie actuelle n'est pas toujours celle d'avant Covid. Des secteurs entiers ne tournent plus rond et sont bien incapables de prédire quand ils auront de la visibilité sur un développement à long terme. Mais surtout parce que le dérèglement climatique engendre déjà des changements graduels dans les facteurs de compétitivité et va les déplacer géographiquement de façon accélérée. Et les épargnants, petits et très grands, le sentent. Et du coup, la finance est sous pression pour orienter ses investissements vers la transition, car au-delà d'une certaine limite de température, « le monde n'est plus assurable », et les banques centrales intègrent désormais le risque climat dans leur mandat de stabilité monétaire. On ne peut pas les traiter de doux rêveurs.

D'ailleurs, je ne connais pas un CEO qui ne réfléchisse avec ses équipes, voire avec son conseil d'administration, à la façon dont son entreprise est exposée ou positionnée par rapport à ces risques et à ces éventuelles opportunités. Mais les CEO sont payés pour apporter des solutions, et ils ont horreur de répondre « je ne sais pas » aux questions, même quand elles sont importantes. Ils restent donc discrets sur ces questionnements. Tout va bien, circulez, il n'y a rien à voir. Tous, à un moment ou un autre, nous l'avons fait dans nos discours. Ce silence ou ces éléments de langage soigneusement polis ne reflètent pas la réalité. Et nous le savons. Nous ne partageons pas ces doutes parce que nous ne voulons pas être les premiers à le faire, parce que nos directions de la com, nos directions juridiques, nos directions financières ont des intérêts conjoints à nous dire de ne pas le faire. Et le faire contre leur avis, c'est dangereux pour le pouvoir, même si c'est nécessaire au leadership. Pas facile. Nous avançons à demi-mot. Mais n'en pensons pas moins. Et c'est ce qui est rassurant au fond.

La question de savoir si une compétitivité climatique et sociale est possible est donc au cœur des préoccupations de tous les acteurs de l'économie.

*

Notre économie est prédatrice en ressources du vivant. Le vivant d'hier dont la matière organique a mis cent millions d'années à se fossiliser en ressources énergétiques. Le vivant d'aujourd'hui que nous nous employons à imiter, à remplacer par des techniques dont nous estimons qu'elles feront mieux ou, le plus souvent, à consommer à un rythme qui l'empêche de se régénérer – la santé des sols qui se dégrade parce qu'on ne leur laisse pas le temps de se reconstituer, les forêts primaires qu'on défriche, les ressources halieutiques en raréfaction, l'assèchement et la pollution des rivières. Mais nous sommes aussi prédateurs du vivant de demain. La réduction dramatique de la biodiversité se concrétise bien sûr par la disparition d'espèces, mais aussi par des espèces qui n'apparaîtront jamais. Réduire la biodiversité aujourd'hui, c'est priver la vie de sa capacité à inventer le vivant de demain.

À l'automne 2021, de passage à Londres, j'ai le privilège d'assister à la Royal Geographic Society à la rencontre entre deux géants : David Attenborough, 95 ans, dialogue avec Edward O. Wilson, 92 ans, sans doute le plus grand entomologiste vivant – à lui seul, il a découvert plus de 250 espèces de fourmis. Wilson est le père de la sociobiologie, et c'est lui qui consacre le terme de biodiversité en 1988. Son obsession : nommer les 80 % d'espèces vivantes que nous n'avons pas encore dénommées, dont Baptiste Morizot écrit que nous les avons précipitées dans un vide existentiel le jour où nous les avons couvertes du vocable de « nature ». Or ce soir-là, Wilson rappelle : « Nous traversons trois crises : celle du climat, celle de l'eau, et celle du vivant. Seule la dernière est irréversible. » Il a créé en 2014 l'initiative *Half Earth*, à l'assemblée annuelle de laquelle je suis présent pour discuter de sa pertinence et des moyens de la mettre en œuvre : son objectif est de préserver de toute présence ou activité humaine la moitié de la surface de la planète.

Absurde ? Lorsque la biomasse des bovins sur la planète est équivalente au poids de tous les autres mammifères, on conçoit facilement en quoi le choix porté sur leur élevage a une emprise directe sur ce qui reste aux autres formes de vie pour continuer à se développer. D'autant plus que nous sélectionnons quelques espèces et éliminons les autres, *de facto*. La FAO a ainsi estimé à près de 8 000 les races locales d'animaux d'élevage menacées dans le monde, dont le quart en danger d'extinction. Il est probable que ces chiffres soient sous-estimés. Il en est de même pour la biodiversité des sols, menacée partout dans le monde.

Plus encore, à l'intérieur même des espèces, nous nous limitons à l'utilisation de quelques variétés seulement. Aux USA, cinq variétés traditionnelles représentent 90 % de la base génétique utilisée pour les maïs hybrides. Nous cherchons à standardiser et à massifier l'utilisation des variétés qui correspondent le mieux à nos besoins techniques. À l'inverse de ces approches, l'INRAE et la Yunnan Agricultural University en Chine ont présenté récemment l'importance de la diversité intraparcelle du « riz éternel ». Il s'agit d'un agrosystème vieux de 1 300 ans, constitué par la dominance du riz, mais doté d'une extraordinaire diversité variétale : deux espèces de riz seulement, mais 140 variétés, dont les systèmes immunitaires très différents, déployés dans les espaces de cultures, empêchent la propagation des maladies, si bien qu'aucune crise sanitaire majeure n'a jamais été relevée dans cette région du sud de la Chine.

Mais il y a pire encore sur le plan de l'appauvrissement du vivant. La concentration au niveau même du code génétique des individus. Deux études de l'université d'Uppsala, en Suède, et de l'université de Pennsylvanie, portant sur des échantillons de 300 000 individus, ont montré que dans le cheptel bovin aux USA ne subsistent que deux chromosomes masculins, issus de l'ADN de deux *super-bulls* (au plan des mensurations, et de leurs caractéristiques physiques pour l'élevage) vivant dans les années 1970, et dont l'insémination artificielle a répliqué à l'infini le code génétique, au point que les troupeaux d'aujourd'hui descendent tous (à plus de 99 %) de ces deux individus, le premier d'entre eux répondant au nom de Pawnee Farm Arlinda Chief. Il est facile de comprendre, à l'échelle de 100 millions de bovins aux USA (dont 10 % de vaches laitières, des Holstein pour l'essentiel), à quel point cette obsession de l'efficience a limité pendant un demi-siècle ce que la vie aurait pu continuer à créer par la mutation naturelle des espèces lors de la reproduction. C'est donc bien du vivant de demain que nous privons la vie, et dont nous nous privons aussi, chaque fois que nos décisions réduisent la biodiversité agricole et sauvage.

De ce point de vue, il n'est pas nécessaire d'avoir tranché le débat du bien-fondé éthique de la manipulation du vivant pour affirmer que la culture de plantes OGM est nuisible à la biodiversité, et doit donc être régulée. Car elle s'inscrit dans un système qui mène (et qui vise) à la monoculture intensive et s'accompagne de traitements phytosanitaires auxquels seule résiste la plante sélectionnée et qui finissent par épuiser les sols.

Alors fin 2015, alors que la bataille politique fait rage aux États-Unis sur la question de l'étiquetage OGM des produits, Danone a décidé d'agir. Une proposition de loi visant à enterrer l'idée a été poussée par la GMA, l'association des fabricants et distributeurs américains, à laquelle nous n'adhérons pas. Surnommée le *Dark Act* (*Deny Americans the Right to Know*) par ses détracteurs, elle intervient alors que les lobbys s'inquiètent de la montée en puissance du mouvement non-OGM, et l'apparition de logos certifiés « non- GMO », dont la présence sur les linéaires croît de 50 % par an. Danone a acheté Stonyfield, le pionnier du yaourt bio aux USA quinze ans auparavant et dans cette mouvance, avec Gary Hirschberg, son fondateur, et les dirigeants de Patagonia, je rencontre des sénateurs progressistes sur le sujet. En février 2016, dans le flou de l'issue du processus politique, nous décidons de prendre notre destin en main. D'abord, nous annonçons que quelle que soit la loi future, nous signalerons la présence d'ingrédients OGM dans nos produits au plus tard fin 2017. Mais surtout, après d'intenses allers-retours avec l'équipe de direction locale, la consultation de beaucoup de parties prenantes, nous prenons une décision historique : pour lutter contre la monoculture et son impasse, pour réintroduire de la diversité agricole, et restaurer la santé des sols, nous allons sortir la moitié de notre production laitière du circuit des fourrages OGM, soit l'équivalent d'un milliard de dollars de ventes annuelles, et 65 000 hectares d'exploitation à convertir. Pour commencer, il faut trouver des semences. Impossible aux USA. Il n'y a plus de blé conventionnel. D'ailleurs, Vance Crow, le patron de la communication de Monsanto, tweete immédiatement : « Danone renvoie les fermiers au Moyen Âge. » Qu'à cela ne tienne. Comme d'habitude, d'autres sont plus malins. J'appelle David MacLennan, le CEO de Cargill, le géant mondial de l'agriculture (plus de 100 milliards de dollars de ventes annuelles). Nous nous connaissons bien. Je suis à Pékin, il est 2 heures du matin quand nous nous parlons. J'explique. Il comprend tout de suite le sens de la manip et y devine un terrain d'expérimentation intéressant pour l'évolution de son propre métier, ainsi qu'une source de différenciation pour Cargill, car le mouvement anti-OGM monte en puissance aux USA. En quelques jours, il met à disposition des équipes de Mariano Lozano, le patron de Danone North America qui a pris les commandes de cette révolution, ses meilleurs ingénieurs agronomes, mais aussi tout le système de cartographie des sols et des exploitations dont dispose Cargill sur nos territoires du Midwest et du nord-est des États-Unis. Exploitation par exploitation, nous construisons le plan, soutenus aussi par l'ONG Green America, spécialisée dans ces transitions. Au bout de deux ans, ce ne sont pas moins de 30 000 hectares qui sont passés à des cultures conventionnelles, moyennant un investissement de 70 millions de dollars de notre part (car nous couvrons le manque à gagner des agriculteurs pendant cette transition). Au bout de deux ans, bien avant les prévisions, les rendements à l'hectare ont retrouvé leur niveau antérieur, et les rendements laitiers également. Les résultats marketing sont hétérogènes : sur nos gammes enfants, le logo « non-GMO » officiel convainc les parents, et notre marque gagne dix points de marché en six mois, malgré une hausse des prix. Opération totalement réussie. Pour les autres marques concernées, elles sont enchâssées dans une identité trop traditionnelle pour pouvoir en bénéficier fortement. Bilan mitigé, donc. Mais nous avons prouvé que sur le plan agronomique, la transition est possible à cette échelle, et que la réintroduction de nouvelles semences est possible dans l'un des pays dans lesquels c'est le plus compliqué. Notre mouvement a d'ailleurs été suivi par d'autres. Non, aux USA, le tout-OGM n'est pas une fatalité. Oui, la biodiversité agricole est fondamentale.

*

Bilan de ce développement sur la biodiversité agricole ? Sans faire de rapprochement facile entre la pandémie de Covid et les pandémies qui traversent régulièrement les systèmes agricoles d'élevage à l'échelle continentale ou mondiale (grippes aviaires, porcines, etc.), il est évident que la très forte concentration des sources d'alimentation humaine autour de quelques espèces et un nombre très limité de variétés est un risque systémique majeur, tant à court terme qu'à long terme. Parmi les centaines de milliers d'espèces de plantes, la FAO reconnaît environ 50 000 plantes comestibles (il y en a en réalité beaucoup plus). Seulement 120 sont cultivées. Et seulement trois d'entre elles (riz, maïs et blé) représentent 60 % de l'alimentation humaine aujourd'hui. Dans chacune d'entre elles, le nombre de variétés utilisées est très limité.

Il faut bien comprendre que la vie sauvage, qui doit être protégée, est liée à la diversité des pratiques, des espèces et des variétés agricoles. Car l'agrobiodiversité et la diversité sauvage se chevauchent dans leur écosystème. Il y a un écosystème dans le champ : on parle, comme Wilson, de sociobiologie, ou encore de socioécologie. À toute petite échelle : pourquoi planter les poireaux et les oignons l'un à côté de l'autre ? La coriandre et la carotte ensemble ? Parce que tout ce petit monde se protège, et parfois mutuellement. Mais l'écosystème agricole ne se limite pas aux champs. Il comprend toutes les espèces végétales et animales sauvages apparentées à celles qui sont cultivées ou domestiquées, leurs espèces d'origine, et les espèces qui interagissent avec elles : pollinisateurs, parasites, prédateurs, etc. Au demeurant, cet écosystème bénéficie à sa partie cultivée et en est indissociable. Il est pourtant totalement ignoré par l'agriculture intensive des modèles dominants. Si bien que la biodiversité, c'est-à-dire le maintien du vivant dans sa capacité à fonctionner en tant que tel, y est mise à mal.

C'est d'autant plus dramatique que l'agriculture est la première victime du dérèglement climatique. Demain, les variétés actuellement cultivées ne pourront plus l'être.

Mettre en œuvre une agriculture qui fait alliance avec le vivant est donc crucial. Cela commence par la santé des sols, dans lesquels il est impératif de fixer le carbone, le fondement de sa matière organique et du développement de son microbiome. Prendre la mesure des masses de carbone que nous extrayons du sol et du sous-sol par nos pratiques alimentaires. Et s'engager à les remettre dans les sols. Faut-il attendre d'avoir les réponses sur le comment pour se poser la question, la quantifier, lui donner un contour, esquisser les pistes ? Ou faut-il apprendre en marchant ?

À partir de 2009, à l'issue d'une réunion à Amsterdam au cours de laquelle nos efforts de prise de conscience portent leurs fruits auprès de nos collègues du comité exécutif et de plusieurs dizaines de dirigeants opérationnels, les 15 000 leaders d'équipes, dans le monde entier, voient une partie de leur rémunération liée à la réduction de l'empreinte carbone de l'activité dont ils ont la responsabilité. À ce moment-là, nous ne savons même pas encore comment nous allons faire. Des groupes de travail se mettent en place partout dans l'entreprise. Ils dessinent la trajectoire possible de réduction de nos impacts : emballages plastiques, transports, type d'énergie utilisée, gaspillage des matières, tout est passé au crible. Et bien sûr, examen des pratiques agricoles chez nos éleveurs et agriculteurs : c'est de là que proviennent les trois quarts de nos émissions. Une communauté se met en place, de façon à la fois organique et organisée : une compétition apparaît entre les équipes, entre pays et divisions, non seulement pour faire mieux que les autres sur leurs parts de marché et leurs performances économiques, mais aussi pour la réalisation de leurs plans climatiques. L'innovation est au rendez-vous de cette émulation joyeuse, les bonnes pratiques circulent, et s'échangent sur des *market places* où chacun achète et vend les idées qui marchent. Les résultats suivent. Personne n'est en reste. Même les informaticiens : avec SAP, le leader mondial allemand des logiciels de gestion intégrés, nous concevons un module spécifique capable de tracer le contenu carbone des processus les plus élémentaires. Je présente à la presse ce module avec le CEO de SAP, et nous le commercialisons conjointement pour que d'autres, dans le secteur agroalimentaire, l'utilisent. Le changement, ça ne se fait jamais seul. Même les financiers sont mis à contribution.

D'abord, ce sont eux qui dans l'entreprise ont la main sur le système de *reporting*, de stockage et de traitement des données le plus précis et performant. C'est donc eux qui construisent, hébergent et animent le système de comptabilité carbone de Danone. Ils en sont les garants. Mais ils commencent aussi à travailler à la façon dont nous pouvons faire de cette stratégie un avantage concurrentiel. Le mécanisme des crédits carbone donne naissance au Fonds Livelihoods, piloté par Bernard Giraud, un pionnier des solutions agricoles du futur, à la fois visionnaire et homme de terrain, qui accompagnera des communautés d'agriculteurs dans le monde entier dans la transition agroécologique et agroforestière. Bientôt, une douzaine de grandes entreprises nous rejoignent dans ce fonds. Le changement ne se fait jamais seul. Mais les financiers s'organisent aussi pour que les excellentes notations de Danone dans le domaine environnemental (parmi les six notations AAA au monde en 2020, sur plus de 3 000 entreprises notées par le Carbon Disclosure Project de l'ONU) se traduisent par de meilleurs taux d'intérêt à long terme, ce que les banques nous accordent dès 2017. Le changement ne se fait jamais seul !

Dix ans après avoir commencé, nous atteignons le point de bascule : en 2019, pour la première fois de l'Histoire, malgré la croissance forte de notre chiffre d'affaires (en particulier dans les produits d'origine végétale, dont nous sommes devenus leaders mondiaux en pariant sur une acquisition de 12 milliards d'euros), nous enregistrons une baisse par rapport à l'année précédente de nos émissions de carbone incluant tout le cycle de vie de nos produits, et donc notamment notre amont agricole. C'est ce qu'on appelle techniquement le « pic des émissions ». Grâce à nos investissements, au travail et à l'ingéniosité des salariés, de nos fournisseurs et prestataires de services, transporteurs, logisticiens, grâce aux changements de pratiques agricoles de nos éleveurs que nous avons financés dans le monde entier, nous avons enfin réussi à découpler la croissance de nos volumes de production de celle de nos émissions. C'est un tournant majeur pour la transition climatique de nos activités. Alors nous décidons d'aller plus loin. En 2019, nous publions un bénéfice ajusté du coût des émissions de carbone. Une première mondiale. Il montre que si l'on incluait cette charge dans les comptes de l'entreprise, le bénéfice serait divisé par deux. Comme nous distribuons à peu près la moitié de nos résultats en dividendes, cela veut dire que, si nous devons aussi régénérer les sols, nous n'avons presque plus rien à investir pour le futur. Nos auditeurs comptables, EY et PWC, sont bien sûr associés et suivent le processus de près. Je connais aussi les patrons mondiaux des deux organisations, et je sais combien ils attachent d'intérêt au futur des données extracomptables dans la stratégie de développement de leur firme. Car les grandes entreprises réclament une normalisation qui leur permette de dialoguer avec leurs actionnaires sur leurs besoins d'investissements futurs pour la transition climatique, et les investisseurs font face à un foisonnement de normes proposées par des organismes privés ou parfois même par les grandes banques, sans que les bases de ce qui fait une norme efficace soient là : assurance de pertinence, de fiabilité, de comparabilité.

J'ai de longues discussions avec nos investisseurs, américains en particulier, avec les dirigeants de BlackRock, avec Doug Peterson, le patron de Standards & Poors, la plus grande agence de *rating*, qui travaille sur ces métriques extracomptables depuis cinq ans, et qui m'y encourage fortement et nous soutiendra par la suite. Bien sûr, B Lab, l'organisation qui procède à la certification du label « B Corp » auquel nous prétendons, est impliquée. L'équipe Finance de Danone, menée par Cécile Cabanis, est à la manœuvre, rapide et efficace. En quelques semaines, elle parvient à boucler le schéma. De façon intéressante, comme nos émissions carbone ont atteint leur pic, la charge carbone dans notre profit ajusté va décroître dans le temps, et ce dernier croîtra donc plus rapidement que le simple résultat selon les normes comptables. Les agences de notation applaudissent l'initiative, et nous engageons une discussion passionnante avec nos investisseurs, qui font enfin le lien entre nos stratégies climat, l'agriculture régénératrice et la situation financière de l'entreprise, à court et à long terme. Cette discussion sera interrompue quelques semaines plus tard par la pandémie. Celle-ci a été un révélateur des limites de nos systèmes de mesure à l'échelle macroéconomique, et les discussions à marche forcée à l'échelle européenne et internationale depuis 2020 sur l'adoption de nouvelles formes de comptabilité pour les sujets climatiques et sociaux montrent que nous étions simplement un peu en avance.

Car désormais, dans trois ans au plus, les grandes entreprises cotées du monde entier devront publier leurs trajectoires d'émissions carbone selon une méthodologie unique, comparable, normée. Ce jour-là, face aux engagements pris sur les trajectoires de décarbonation par les entreprises, qui sont la clé de ceux des gouvernements, on fera des *carbon warnings* comme on fait des *profit warnings,* avec des impacts immédiats sur la valorisation des entreprises.

*

Nous devons, nous allons passer d'une économie extractive et prédatrice du vivant dont on voit les limites et les fragilités, à une économie régénératrice du vivant, et donc forcément plus résiliente, j'irais même jusqu'à dire plus vivante. Et ceci, non pas par vertu, mais par réalisme et par opportunité, parce que c'est nécessaire pour continuer à progresser, en tant qu'humanité, en tant que civilisations, pays, communautés, personnes.

Pourquoi avons-nous l'impression que cette économie n'est pas possible ? Qu'elle n'est pas réaliste, pas compétitive ? Parce que les mots sont piégés. Parce que la croissance est un mot piégé et mal mesuré. Parce que le PIB est un outil beaucoup trop rudimentaire et incomplet pour permettre de naviguer au degré de précision auquel nous allons devoir le faire avec des paramètres beaucoup plus nombreux qu'auparavant. Les prix immobiliers (donc des mètres carrés de sol) doublent en dix ans, et font grimper le PIB, mais l'artificialisation des mêmes mètres carrés ou la perte de fertilité des sols n'est déduite nulle part. De même, la compétitivité est un mot piégé et mal mesuré. Le terme traduit la capacité d'une économie ou d'une entreprise à faire face à la concurrence (étrangère s'il s'agit d'un pays). Pourtant le calcul de l'indice de compétitivité d'un pays, communément admis, se fonde uniquement sur les prix : c'est le rapport entre l'indice des prix des importations et l'indice des prix à la production.

Certes, la compétitivité, ce sont d'abord les coûts. Mais tant qu'on n'intègre pas, entre autres, le coût de renouvellement des ressources utilisées (la dégradation du sol dans les exemples que j'ai cités, ou les émissions de carbone), nous ne connaissons pas la vérité sur les coûts de nos modèles économiques. Les 100 millions d'années qu'il a fallu à la nature pour transformer de la matière organique en énergie fossile ne sont même pas comptés dans les prix de l'essence à la pompe ni dans aucun PIB. Zéro. Voilà pour le sous-sol. Et pour ce qui concerne la dégradation des sols, je l'affirme : nous ne payons pas le vrai coût de notre alimentation. Nous devrions payer entre 5 et 10 % plus cher – un surplus qui devrait intégralement être affecté à la matière première agricole, et pour tous les consommateurs qui ne pourraient se le permettre, il faut des chèques alimentation, comme il y a des chèques énergie (et comme il en existe massivement dans bien des pays). On pourrait aussi espérer que ce renchérissement de la matière encouragerait à la réduction du gaspillage alimentaire (entre 30 et 40 % des calories récoltées dans les champs).

Mais la compétitivité dépasse largement les coûts. Elle repose sur la capacité de l'économie (de l'entreprise) à accéder et à mettre en œuvre les ressources dont elle a besoin d'une façon distinctive, qui lui procurent un avantage concurrentiel. S'il ne s'agissait que de coûts, il y a bien longtemps qu'il n'y aurait plus d'horlogerie en Suisse, plus de machines-outils italiennes en Lombardie, de plasturgie dans la vallée de l'Arve, ou de start-up dans la Silicon Valley. La compétitivité est écosystémique, elle est territorialisée, fondée sur l'accès à des ressources clés qui sont aussi la richesse du tissu des entreprises actrices d'un même écosystème sectoriel.

Parmi les ressources clés du futur à sécuriser, il y aura la capacité à attirer du capital. Pour les entreprises extractives d'énergie fossile, en particulier le charbon, c'est loin d'être évident tant la pression de certains investisseurs se fait sentir sur les marchés financiers, renchérissant le coût du capital pour ces activités. Et j'ai évoqué plus haut comment la performance environnementale est déjà un moyen d'abaisser le coût du capital pour quelques entreprises pionnières de l'engagement climatique. Mais plus encore, ces sujets sont au cœur de toutes les conversations actuelles entre la finance, les entreprises et les régulateurs au niveau mondial. Et un immense pas sera franchi lorsque des normes extracomptables viendront factualiser la performance environnementale et sociale des entreprises et celle des investisseurs. Et c'est une question de quelques semestres désormais, quelques années tout au plus.

*

Ce qui fait l'avantage concurrentiel d'une entreprise, d'une région, d'un pays, ce n'est pas seulement son efficacité économique, c'est avant tout son identité, sa culture, le narratif qui cimentent la cohésion sociale dans une vision qui donne du sens, c'est-à-dire la capacité pour une communauté à comprendre la place qu'elle occupe dans le monde, et à y tracer un avenir. Avec un sens d'appartenance.

À une échelle microéconomique, quand Danone pose sa vision stratégique *One planet. One health*, trois ans avant la pandémie, nous créons un narratif qui dépasse largement l'entreprise et qui crée le mouvement vers l'agriculture régénératrice qui gagne tous les jours dans les rangs des acteurs du secteur mondial. Et quand Danone devient « entreprise à mission » à l'été 2020, en pleine crise sanitaire, avec le soutien de 99 % de ses actionnaires, six mois après, elle gagne 18 places d'un coup dans le Top 50 des entreprises préférées des étudiants français. Et douze mois plus tard, elle prend la première place et devient l'employeur de référence pour les 5 500 étudiants et jeunes diplômés d'écoles d'ingénieurs, de commerce et d'universités interrogés comme chaque année par l'institut Harris. Ce sont des avantages concurrentiels.

À l'automne 2021, pour poursuivre mes engagements en faveur d'une économie au service du vivant, je choisis de rejoindre Astanor Ventures en tant qu'associé. C'est une toute jeune firme, mais la plus pointue au monde pour l'investissement à impact dans l'*agritech*. Lorsque cette association est annoncée, Astanor reçoit dix CV dans la journée et moi des centaines de sollicitations. Y compris de créateurs de start-up qui se reconnaissent dans ce que nous portons ensemble. Le sens, l'impact sont des agrégateurs d'énergie. Donc oui, bien sûr, la compétitivité passe par le sens. Et le sens, la vision sociale et environnementale du rôle d'une entreprise, c'est un avantage concurrentiel, à l'heure où émergent partout des collectifs de salariés menés par des managers pointus en compétences, pour pousser leur entreprise à aller plus vite sur le climat. Ceux qui se sont montés en France, « les Collectifs » sont d'ailleurs allés jusqu'à Glasgow à la COP 26 en novembre dernier, alliés au mouvement patronal Impact France pour porter sous le pavillon France la voix d'une nouvelle théorie du changement et de l'engagement en faveur de la transition climatique et sociale, dont la France est à la pointe.

Une dernière condition : cette compétitivité climatique et sociale sera possible si et seulement si elle est construite en équilibrant ses termes d'efficience (l'optimisation du court terme) et de résilience (la sécurisation du long terme), à partir d'une combinaison très pensée d'innovations techniques, choisies, sans doute intensives en capital pour la plupart, et d'innovations sociales, de processus de gouvernance, d'intelligence collective, d'inclusivité sociale, dont l'essence ne sera pas capitalistique, mais locale et culturelle. Cette combinaison ancrera l'économie et ses acteurs dans une souveraineté qui la rendra compétitive.

J'insiste sur cette combinaison de politiques et d'innovations, car il n'y aura pas de transition climatique sans transition sociale. Nous devons réduire les inégalités sociales dont le coût économique est bien connu et dont les rapports de l'OCDE montrent année après année qu'elles montent partout. Là encore, il faut mettre en œuvre des outils communs : par exemple, des outils de mesure statistiques de la distribution des revenus tels que le coefficient de Gini ou le ratio de Palma[1] dans les entreprises et dans leurs chaînes d'approvisionnement ; des politiques

1. Le coefficient de Gini est un indicateur synthétique permettant de rendre compte du niveau d'inégalité. Il varie entre 0 (égalité parfaite) et 1 (inégalité extrême). Le ratio de Palma compare la part du revenu national perçue chaque année par les 10 % les plus riches avec celle reçue par les 40 % les plus pauvres.

spécifiques de protection des salariés et citoyens les plus vulnérables face aux stratégies de transition climatique. Nous l'avons fait chez Danone à l'occasion du plan Local First en 2021 : aucun des salariés parmi les 20 % les moins rémunérés ne sera licencié, même si son poste est supprimé, et il sera formé dans l'entreprise aux métiers de l'avenir. L'un des effets de cette mesure a été d'améliorer la distribution salariale (coefficient de Gini) à l'intérieur de l'entreprise dans les pays où elle a été mesurée. Enfin, il faudra veiller à cette même forme d'équité dans toutes les chaînes d'approvisionnement, et le devoir de vigilance des entreprises sur ces questions sera sans doute une réalité juridique en Europe d'ici trois ans.

*

Le plus critique, le plus complexe, la vraie révolution sera de dessiner une compétitivité par et pour le vivant. C'est cette révolution qui rend à la fois nécessaire et possible la compétitivité sociale et écologique : refaire alliance avec le vivant. Il n'y a rien de vivant dans notre théorie économique et nos indicateurs. Or le vivant recèle à la fois les menaces et les opportunités pour demain, selon le positionnement que nous adoptons à son égard. On peut toujours imaginer des drones faisant du « *cloud seeding* » pour provoquer la pluie ou des microdrones abeilles électroniques comme les prototypes d'Amazon pour polliniser les fleurs. On peut aussi à l'inverse utiliser la technologie, l'intelligence artificielle, la science la plus avancée, non pas pour remplacer le vivant et la nature que nous avons saccagés, mais au contraire pour les restaurer. D'ailleurs, les facteurs de compétitivité d'une économie sont profondément vivants, insérés dans le vivant, liés au vivant. Un pays et son économie, son *oikos,* spatialisés. Enracinés dans des savoir-faire, dont l'apparition tient à l'histoire, elle-même très liée à la géographie. La compétitivité d'une communauté ne peut pas se construire, et ne s'est jamais construite hors sol. Elle a été déterminée par ses fleuves, ses ouvertures maritimes, son climat, ses ressources naturelles ou leur absence et tout ce que cela a entraîné sur l'acquisition collective de savoir-faire et la mise en place de formes politiques.

Redonner sa place au vivant dans l'économie, c'est reconnaître l'existence et définir des « communs », des biens publics. Et à partir de là, comprendre qu'il n'y aura pas de compétitivité sans efficience (performance et efficacité) dans la gestion, la préservation, et la régénération de ces communs. D'une part leur faire une place dans les mécanismes économiques, et d'autre part valoriser la contribution de chacun des acteurs économiques (qu'ils tirent des ressources sur ces communs ou au contraire les restaurent) à leur régénération, comme le Club de Rome, et d'autres y réfléchissent et y travaillent.

L'« *Homo economicus* » de Pareto est une chimère. La théorie de Milton Friedman était borgne. Ces théories ont permis d'établir les prémices d'un agir collectif à l'heure de la mondialisation de l'économie. Mais elles sont beaucoup trop rudimentaires et étroites pour nous guider vers le futur, alors que nous atteignons les limites planétaires du système qu'elles ont sous-tendues. Elles sont dans des angles « morts », au sens premier du terme, dont le vivant, indomptable, insaisissable, est totalement absent. Nous allons devoir reconnaître que nous sommes non seulement immergés dans le vivant, mais que nous sommes peuplés, constitués par le vivant, soumis au vivant en dépit d'une intelligence que, dans la tradition occidentale, nous fantasmons détachée de ces contingences. Que nos choix économiques sont conditionnés par la chimie et la physique qui régissent le fonctionnement de nos neurones, que nous sommes, comme tous les vivants, soumis aux cycles de la nature, et que même les marchés financiers sont influencés par les cycles lunaires. Des études chinoises peu suspectes de rêverie l'ont montré. Si la finance suit la Lune, quoi de plus évident, mais aussi quoi de plus essentiel que l'enfant regarde l'étoile ?

11

Pour Gabriel

Pourquoi levons-nous les yeux vers les étoiles ? Pourquoi levons-nous la tête vers les sommets ? Pourquoi partons-nous vers eux ? *Les Conquérants de l'inutile*. Je n'ai même pas un an quand l'immense Lionel Terray, auteur du livre qui porte ce titre, tombe dans cette quête lors d'une ascension dans le Vercors. Il avait 44 ans. L'âge de mon frère quand il est parti aussi. Un soir, à Paris, Blaise Agresti m'invite à témoigner au sein de ce qui va devenir son club des Cosmiques. Un nom qui relie, comme l'arête du même nom, les sommets et les étoiles. Comment refuser ? Je suis aux côtés d'Étienne Klein, que j'admire, mais ne connais pas. « À quoi sert l'alpinisme ? » demande Blaise pour lancer la discussion. Étienne raconte qu'il grimpait à Chamonix lorsqu'un message l'a interrompu : quelques jours plus tôt, on a découvert le boson de Higgs au CERN à Genève, et le ministre s'y rend demain. Étienne ne trouve pas de cravate à Chamonix, mais est bien présent le lendemain. Le ministre et son entourage se font expliquer cette découverte extraordinaire, qui vient confirmer une hypothèse majeure sur la nature de notre univers, posée près d'un demi-siècle auparavant. La durée de « vie » du boson n'est que d'un millième de milliardième de milliardième de seconde. Que va-t-on pouvoir en faire ? Le ministre est à la recherche d'une réponse utile : des applications techniques ? Euh, non. Vous êtes sûrs ? Euh, oui. Il rentrera donc bredouille (et victime de quelques blagues de scientifiques). Il s'est déplacé pour une découverte qui ne sert à rien. Et Étienne explique pourquoi ce qui n'est pas utile est pourtant important. Et que, pour lui, l'alpinisme relève de cela. À mon tour, je prolonge simplement en disant que dans le dénuement progressif de la verticale, il y a un passage à la limite, au-delà duquel on passe de l'important à l'essentiel, et que là, la question de l'utilité ne se pose plus. Oui, les alpinistes et les grimpeurs sont les conquérants de l'inutile. Mais ils sont à l'assaut de l'essentiel. Toucher du doigt un sens au tout petit et au plus grand. S'approcher du mystère infiniment petit et infiniment grand de la vie.

*

Au-dessus de Saint-Véran, trois coupoles blanches sont posées au sommet du pic de Château Renard, à presque 3 000 mètres d'altitude. Le Queyras, peu peuplé et loin des lumières des grandes villes, a les plus beaux ciels des Alpes. Plus au sud, à Saint-Michel-de-Provence, le nombre d'observations baisse d'année en année à cause de l'immense pollution lumineuse nocturne de l'agglomération marseillaise. Saint-Véran, le plus haut village d'Europe, est incroyablement préservé. Les télescopes ont été installés, prêtés par l'Observatoire de Paris, depuis des décennies. Plusieurs astéroïdes ont été découverts ici par des chercheurs et astronomes amateurs. L'observatoire a été rénové il y a quelques années, une base vie a été installée. En hiver, on l'atteint facilement par une longue traversée ascendante en ski de rando, depuis le sommet du téléski. Hébergé dans une base vie, au pied des étoiles ! Un soir de 14 juillet, j'y monte. À 20 heures, il se met à neiger. La soirée se passe à parler d'étoiles et de tempêtes. Un grand-père monté avec son petit-fils pour la nuit déniche une guitare et nous bricolons une projection improvisée sur le mur blanc pour une soirée karaoké. À minuit, nous tirons quelques pétards dans le brouillard du nuage, on ne voit pas à 15 mètres et nous marchons dans 30 centimètres de neige. Le feu d'artifice est écourté et nous rentrons nous mettre au chaud. Pour l'observation des étoiles, ça n'a pas l'air bien emmanché. Mais à 2 heures du matin, miracle par la fenêtre : le ciel se déchire et apparaissent des scintillements prometteurs. Quelques-uns d'entre nous se lèvent, nous nous glissons dans la nouvelle coupole baignée dans une lumière rouge de laboratoire. Il gèle. Les mots sont rares et embuent l'air froid. Les gestes du chef de mission précis, qui règle le télescope automatique. Instant magique lorsque la coupole pivote, s'ouvre lentement et dévoile une large bande de ciel étoilé. Tour à tour, nous nous approchons du viseur du télescope. Je mets mon œil contre l'œilleton. Nette, très légèrement tremblante, une nébuleuse multicolore, au centre. Nous plongeons à la fois infiniment loin dans l'espace et infiniment loin dans le temps. L'image qui nous arrive, c'est une image du fond des âges, d'une source qui n'existe plus depuis très longtemps. Un immense mystère...

Qu'est-ce que la création ? Qu'est-ce que la vie ? Le mouvement de la *deep ecology*, l'écologie radicale, propose de s'approcher de cette question en marchant à la rencontre du temps : c'est la *deep time walk*. Un de mes guides sur ces chemins de traverse, Olivier Maurel, formé au Schumacher College, me parle de cette expérience. Il a accompagné Danone dans sa mutation vers des formes d'économie de demain depuis qu'il a croisé danone.communities, en 2006. Nous sommes allés ensemble au Forum social mondial, à Belem. Il a aussi grandi pas loin de chez moi, dans les stations des Alpes de la Haute Durance. Il fait partie de ces personnes qui ont pris conscience tôt des limites de nos modèles, et de l'importance du « nous », dont il prend soin. Depuis que je le connais, ce mot l'habite et il l'incarne. Il est dans ce « nous » d'une génération qui précède de vingt ans celle de Greta, et qui a commencé à se mettre en route, ensemble. Lorsque je cherche, je me tourne souvent vers lui et vers le « nous ». Là, en cette fin 2019, nous sommes à quelques semaines d'atteindre le pic des émissions carbone de l'entreprise. Ensuite, elles vont baisser. Dix ans de travail de 100 000 personnes. Quelle est la suite ? Comment dessiner la trajectoire suivante, aller plus loin, vers 2030 ? Depuis cinq ans, j'ai la conviction que la biodiversité est à la fois la victime de nos systèmes agricoles et la solution aux questions climatiques. Le vivant. Par Olivier, je rencontre Satish Kumar à Paris ; Magali Payen, qui a travaillé chez Danone avant de lancer le mouvement « On est prêt » ; Mathilde Imer et d'autres de cette génération de leaders engagés pour demain. Je suis en chemin, guidé par des plus jeunes, des plus âgés. Nous nous retrouvons avec des salariés de Danone, engagés dans cette transition, et des activistes de ces modes de vie de demain, d'Extinction Rebellion, et de l'Affaire du siècle, qui ont attaqué l'État pour inaction climatique. Ils m'aident à voir le monde depuis un autre point de vue, ils nous aident à réaliser l'ampleur et l'importance des changements à opérer. De leur côté, ils prennent aussi conscience par nos échanges de la complexité du changement des modèles et de ses conséquences, sociales notamment. Où est le chemin juste ?

Nous cheminons ensemble à la recherche des possibles. Dans deux mois, en février 2020, nous allons annoncer un plan d'accélération « climat », de sortie des emballages non recyclables, de digitalisation, d'agriculture régénératrice. Deux milliards d'euros sur trois ans. Ces rencontres nourrissent le sens de ces décisions. J'ai besoin de m'enraciner dans mes convictions, autrement qu'intellectuellement. J'ai besoin de m'encorder à d'autres. À tous les autres. Aux vivants. Olivier me parle de *deep time walk*. Le principe est simple. La Terre a 4,5 milliards d'années, il s'agit de marcher sur cette distance pour prendre conscience de ce que nous, humains, représentons à l'échelle de l'histoire de la Terre. Chaque mètre, chaque pas, représente un million d'années. Une expérience du temps et du vivant. J'ai envie de la vivre en collectif. Notre groupe se retrouve à Évian, un matin de janvier 2020 pour passer deux jours et demi ensemble… juste avant le Covid.

Au matin, nous sommes une douzaine sur l'impluvium, le bassin-versant où l'eau d'Évian se filtre naturellement, sur le plateau Gavot, qui surplombe le lac Léman noyé dans la brume. Les rayons de soleil passent à travers les branches des épicéas et des grands feuillus dénudés et viennent se poser sur le givre de la nuit. Nous partons sur un parcours sylvestre de 4,5 kilomètres préalablement repéré.

Naissance de la Terre à partir de la nébuleuse de notre étoile, le Soleil. Partager ce qu'on en sait. Puis nous nous mettons en marche, accompagnés par un scientifique formé à ce processus, qui rythme par des lectures la grande histoire de la vie. Les arrêts pour partager et méditer les étapes des grandes évolutions se font de plus en plus fréquents au cours de la marche. Prendre conscience, métaboliser, somatiser, ressentir ce qu'est cette lumière au travers de la futaie, posée sur les nervures d'une feuille givrée. Méditer en marchant pendant les millions d'années qui suivent. Très vite, sur cette Terre encore chaude, la collision qui donne naissance à la Lune. Apparition des champs magnétiques qui permettent à la vie de se développer à l'abri des rayons cosmiques. Une précipitation d'astéroïdes s'abat sur la Terre, vaporise les océans, tue la vie qui y naissait, mais apporte de l'eau et du phosphore : une partie de l'eau qui se trouve sur Terre vient de l'espace, des fragments d'étoiles tombées sur la Terre. Arrivée de l'oxygène qui tue 95 % de la vie sur Terre, mais permet l'apparition de formes de vie plus complexes et rend possible la vie telle qu'on la connaît aujourd'hui, la nôtre. Il fait froid, on se réchauffe en marchant doucement quelques milliards d'années. Au bout de trois heures, quand l'Homme apparaît, il ne reste plus que quelques millions d'années, soit quelques mètres. Alors on s'arrête, on change d'échelle, et on la multiplie par dix, pour se rapprocher. On ralentit la marche du temps. Arrive *Homo sapiens* : 200 000 ans, à deux mètres d'aujourd'hui sur cette nouvelle échelle. À une distance de mes deux bras étendus. Il y a 10 000 ans, l'agriculture apparaît dans la paume de ma main. Et l'ère industrielle, à deux millimètres du bout de mon ongle. Et nous sommes là, posés au bout de l'ongle, après avoir marché 4,5 kilomètres qui devraient être 45 kilomètres si on avait gardé la même échelle. Quand on vient de passer trois heures dans cette forêt, complètement immergé dans cette histoire d'où nous sommes issus, ce magma de forces incroyables, ces fragments de vie minuscules qui ont résisté, ont muté, se sont développés, sont sortis de l'eau... on se dit : c'est ce combat de la vie, envers et contre tout, l'obstination du vivant, c'est ça dont nous avons la responsabilité commune.

*

Cette expérience m'a placé de nouveau face à l'incroyable improbabilité statistique du miracle de la vie telle qu'elle existe aujourd'hui. Nous sommes en vie au bout de ces 4,5 milliards d'années, héritiers, ensemble, aujourd'hui, de ce processus d'élaboration de la vie sur une échelle de temps dont les dimensions me saisissent d'effroi. J'ai pris la main de ma voisine, nous réalisons qu'il a fallu 200 millions d'années de vie pour que ces mains soient ces mains, les siennes et les miennes. Nous sommes héritiers de cette histoire, nous en sommes les dépositaires. Et il n'y a que ces mains pour orienter le cours des choses, pour demain.

Quelques jours auparavant, en préparant cette marche dans le temps profond, j'avais été très marqué par une rencontre. Isabelle, que j'aime beaucoup, et qui a partagé tant de ces aventures du « nous » à la recherche des modèles de demain chez Danone, est venue à l'une de nos réunions d'échanges sur ces thèmes, avec son tout petit bébé, qu'elle allaite. Il est là, dans ses bras, sous un châle, il fait un peu froid, au dernier étage de My Little Paris, sous une véranda qui donne sur Montmartre et le ciel bleu. Je vais à sa rencontre. En s'approchant, elle soulève son châle et me dit : « Emmanuel, je te présente Gabriel. » Une pause. Nous le regardons. Il dort. Puis elle lève les yeux. Je croise son regard et ses yeux noirs ne me lâchent pas. Je la connais. Une parole va venir. Et elle ajoute : « Il aura 80 ans en 2100. » Sa voix est à la fois douce et ferme. Je prends ça en pleine figure. Sa voix résonne. Elle vient de très loin. Elle va très loin, au fond de moi. C'est la voix de toutes les mères, de toutes les femmes, de toute l'humanité. Elle vibre en moi, tourne, ravage tout. Elle me bouleverse intérieurement. Moi, je me projette en 2030 parce que j'estime que c'est demain. Pour ce petit bout de vie là, ce demain, c'est 2100. L'objectif net zéro carbone en 2050, c'est loin pour moi… je ne sais même pas comment on va y aller, mais 2100 ? Gabriel est le premier petit être humain que je rencontre au sens vrai du terme, que je contemple dans sa beauté de tout-petit, sa promesse de vie, que je touche, dans les bras d'Isabelle, et dont je réalise qu'il sera là à la fin de ce siècle. Je n'ai jamais ressenti au fond de moi aussi fortement l'urgence à agir de façon collective. Nous avons un héritage commun. Nous sommes reliés, ce petit et moi, et lui avec nous tous. Nous partageons une commune humanité qui est le microscopique héritage des forces telluriques. Nous avons donc la commune responsabilité de savoir ce qu'on en fait. J'ai la responsabilité pour moi-même de trouver un principe d'action qui prenne en compte cette dimension collective, au-delà des divisions auxquelles l'actualité nous confronte chaque jour. Quand je pense à Gabriel, j'entends la voix, tremblante d'émotion, de Christiana Figueres lors d'une conversation avant la COP 26 de Glasgow : « Vos enfants sont en train de traverser la rue et vous voyez un bus arriver, il est encore à dix mètres d'eux : vous restez sur le trottoir en disant "c'est trop tard" ? » Nous nous connaissons depuis plusieurs années. Quand elle a lancé son mouvement *Global Optimism*, des « *Stubborn Climate Optimists* » (les optimistes obstinés du climat), j'ai emprunté son T-Shirt « SCO » à David Nabarro et l'ai porté aux événements en marge de l'Assemblée générale des Nations unies. J'ai dit à Christiana : « Je porte ton T-shirt, mais, optimisme ou pas, il n'y a pas d'autres alternatives que l'activisme. »

Alors je détourne la formule de Christiana, et à l'initiative de jeunes salariés de Danone North America qui étaient ce soir-là dans Central Park, nous créons avec Patagonia un T-shirt « *Stubborn Climate Activist* » qui nous sert de ralliement. Pourquoi l'activisme ? Pourquoi l'engagement ? Pourquoi grimper ? L'activisme est un écho à cette phrase qui m'habite, envers et contre tout : « Il n'est pas besoin d'espérer pour entreprendre. » Notre dignité humaine d'aujourd'hui c'est de lutter contre le prétendument inéluctable, le « c'est trop tard », le « c'est comme ça ». Comme l'a écrit De Gaulle dans ses mémoires, le nombre de ceux qui l'ont suivi dans la résistance au départ était insignifiant. Et c'est pourtant eux qui ont fait la différence : aux heures sombres, alors que les étoiles étaient tombées du ciel et que leurs cadavres étaient placardés sur les vêtements d'un peuple par ses bourreaux, ils ont puisé dans la loi morale au fond d'eux-mêmes ce qu'il a fallu d'engagement pour que nous restions des vivants.

Depuis celle d'Ézechiel, où a soufflé l'esprit du divin sur le désert, chaque nuit de notre humanité, chaque nuit de notre vie nous est donnée pour faire naître demain. Alors que nous savons le sort que notre sommeil, notre inaction lui réserverait, je me réjouis de voir son aurore pointer, sur le ciel de laquelle se découpent déjà les silhouettes de toutes celles et ceux qui ont aperçu les étoiles pendant la nuit, et ont décidé de les suivre pour inventer ce premier matin du reste de nos vies. Les lumières de leurs lampes frontales sont comme des étoiles tombées sur Terre pour nous guider. Ce matin, l'air est vif. La lumière est vive. Nous sommes vivants.

ÉPILOGUE

16 décembre 2021, 10 heures.

J'ai posé ce récit en traversée depuis quelques jours. Je marche dans la rue à Paris. Il fait beau. Un étudiant m'aborde. J'ai du temps. Nous discutons quelques minutes. Je l'interroge sur ses projets (il s'est spécialisé en finance et stratégie), et à son tour il me pose des questions. Je réalise soudain en lui parlant combien aujourd'hui marque la fin de cette traversée d'une façon évidente. Depuis mon départ de Danone, j'ai choisi de m'encorder avec ceux qui ouvrent les voies de l'économie de demain. J'ai rejoint le Club de Rome, qui publiera en 2022 un rapport sur la transition climatique et sociale, cinquante ans après la voix forte et dissonante de son rapport rédigé par Donella et Dennis Meadows sur les limites de la croissance. J'ai conseillé les Collectifs, ces réseaux de salariés qui s'organisent pour soutenir l'engagement de leur entreprise dans la transition. Je me suis associé à Astanor Ventures, une toute jeune firme d'investissement en capital-risque, formée par une équipe dont l'expérience individuelle et collective est unique, pour contribuer à inventer les modèles agricoles et alimentaires de demain.

Mais en lisant le sms de Stéphanie Bodet le 16 août dernier dans ce TGV vers le pays haut, en ouvrant cette traversée d'écriture un après-midi d'automne au refuge de la Blanche, je n'imaginais pas qu'avant même le minuit de cette année 2021, je serais reparti aussi pour baliser la voie. Redescendu de la montagne, je suis invité à Glasgow pour la COP26. Le 3 novembre, les trustees de la Fondation IFRS, qui veillent sur la mise en place des normes comptables mondiales et l'organisation internationale des autorités de marchés financiers qui les supervise, y annoncent la création d'un organisme chargé de créer le pendant de ces normes dans le domaine « extra-comptable », l'International Sustainability Standards Board (ISSB). Cette annonce était attendue, mais ses conditions et son ambition sont impressionnantes. Je perçois combien ce projet entre en résonance avec mes engagements depuis plus de dix ans. Si on y regarde de plus près, il s'agit ni plus ni moins de revisiter le « code source » de la finance mondiale, et d'insérer au cœur de son logiciel un nouvel ADN, d'y remettre le climat, le vivant, la biodiversité, l'humain. L'ISSB est une opportunité unique pour synchroniser la finance et l'économie en transition.

Il y a tout juste quelques jours, il m'a été proposé de diriger cet organisme. Je mesure l'ampleur de la tâche collective, de l'engagement pour les trois années qui viennent. Je l'accepte et cela deviendra ma priorité.

Il ne s'agit pas tant ou pas seulement d'ouvrir la voie que de la baliser, de l'équiper pour la sécuriser et permettre la progression du plus grand nombre, de toutes celles et ceux qui voudront l'emprunter ou la poursuivre. En grimpeur qu'il est, Alain Dekkers, le représentant de l'UE au conseil de surveillance de la Fondation IFRS, ne s'y trompe pas lorsqu'il commente avec humour sur les réseaux sociaux : « voie de niveau 8b minimum, peut-être proche du 9 :-). » À ce niveau-là, pas question évidemment d'y arriver tout seul. Plus que jamais cette voie sera une œuvre collective. Nous avons, ensemble, une chance historique d'apporter un changement structurel, fondamental, au fonctionnement du « système ».

Ce matin, dans une heure, l'annonce de ma nomination en tant que président de cet organisme deviendra publique. Je salue mon interlocuteur. L'histoire de cette traversée d'écriture a commencé il y a exactement quatre mois. C'est bien aujourd'hui qu'elle s'achève complètement. Je lève les yeux vers le ciel pour une grande et lente inspiration. Je me sens bien. À 11 heures, ce sera reparti.

À l'heure où paraîtront ces lignes, nous serons déjà engagés dans la première longueur : alors que l'équipe n'est pas encore au complet, et qu'elle apprend à travailler ensemble, comme une cordée qui se forme, notre ambition est qu'avant le crépuscule de cette année 2022, la norme « climat » soit finalisée et que nous ayons repéré les longueurs suivantes, et décidé de notre approche pour les équiper. Nous avons quatre saisons pour le faire. Le créneau météo entre la crise du Covid et le réchauffement climatique n'est pas long pour l'humanité. Il n'y a pas de temps à perdre. À nous tous d'agir, maintenant, pour demain. J'ai confiance.

Remerciements

Merci à toutes celles et ceux qui ont partagé ma vie sous les étoiles, m'y ont autorisé, initié, encouragé et la conjuguent au présent aujourd'hui. Merci aux passeurs des premières aventures : mes parents, et Pierre et Marius, les aumôniers du MRJC à Gap, qui m'ont ouvert les sentiers de montagne.

Un merci particulier à Chantal Para, complice des premières échappées à 15 ans dans les blocs au-dessus du village – retrouvée quarante ans plus tard, en train de faire du stop, baudrier aux reins, dans la descente du col du Lautaret. Merci aussi à Pascal Giraud qui fréquentait ces mêmes blocs, retrouvé des décennies plus tard sur un alpage dans le Queyras, qui m'a guidé pour ma première arête nord-est de la Tête des Toillies et a depuis emmené tant de nos amis, enfants, découvrir le ciel d'hiver étincelant du Queyras à ski de rando.

Merci à Érik Decamp avec qui je suis vraiment reparti, à Chamonix, à Régis Leroy pour *Pélerins de la planète* aux Dentelles de Montmirail, à Sylvain Pusnel pour les recoins secrets du Queyras, à Manu Imbert pour le ski raide et le télémark, jusqu'au nord de la Norvège.

Merci à Arnaud Petit, Stéphanie Bodet, Jo Crison, vous, les maîtres et passeurs du rêve à l'action aujourd'hui et demain.

Merci à Manoel, Laurent, François, les camarades inséparables de jeu vertical et de vie au-delà. Merci à Louis, Olivier, Arnaud, Claire, Bruno, Stéphanie, Renaud, les compagnons d'altitude, d'émerveillement et de découverte, toujours partants, été comme hiver, merci à Laurent, Ashok, Pieter pour les moments partagés en famille entre Grenoble et les Deux-Alpes ; merci à Jean-Marie Guédan pour le partage de la montagne des paysans, des foins et des estives ; et à tous les autres, frères et sœurs, filles et garçons, complices d'hier et d'aujourd'hui.

Merci à Vanessa pour sa constance dans la conviction que nous pouvons dépasser nos limites et sans qui les sommets et les étoiles seraient plus loin encore.

Merci à Magali et nos enfants qui m'ont encouragé, parfois accompagné, toujours laissé partir.

Merci à toutes celles et ceux qui partagent ce frisson quand ils lèvent les yeux vers les étoiles par-dessus les crêtes et à toutes celles et ceux qui marchent, guidés par les étoiles dans leur vie. Merci pour votre présence, merci pour ce « nous » que vous avez créé et dans lequel je grandis. Et parmi vous, un clin d'œil à Martin Hirsch pour la fissure de la *Voie des myrtilles* aux îles Lofoten.

Merci enfin à Charlie Buffet d'avoir eu l'envie de ce livre.

Table des matières

DANS LA MÊME COLLECTION

Terra Nova

Neuf vies
Robert Mads Anderson, 2021

SOS Himalaya
Denis Urubko, 2021

Les Ultraterrestres
Adharanand Finn, 2021

L'île-montagne
Gilles Modica, 2021

Petits désastres
Samuel Beaugey, 2021

Au milieu de l'été, un invincible hiver
Virginie Troussier, 2021

Le Joker
François Suchel, 2020

Les Hallucinés
Thomas Vennin, 2020

Impatiente
Sylvie Samycia, 2020

Bêtes de course
Bernd Heinrich, 2020

Lénine à Chamonix
François Garde, 2020

On ne m'a pas volé l'Everest
Lydia Bradey, 2020

Raide vivant
Paul Bonhomme, 2020

Le gel ne me fermera pas les yeux
Adam Bielecki, 2019

Le Tigre de Katmandou
Michel Peissel, 2019

Vol au-dessus de l'Himalaya
Jean-Yves Fredriksen, 2018

Achevé d'imprimer par Ermes Graphics
à Turin (Italie) en janvier 2022
Dépôt légal : janvier 2022
ISBN : 978-2-35221-350-5